Anselm Grün

# LA VIDA NO ES SOLO PARA EL FIN DE SEMANA

## Cómo el trabajo nos hace sentir vivos

NARCEA, S.A. DE EDICIONES

Otros títulos publicados por **Anselm Grün** en esta colección:

- *Buscar a Jesús en lo cotidiano. Ejercicio en la vida diaria*
- *Evangelio y psicología profunda*
- *La mitad de la vida como tarea espiritual. La crisis de los 40-50 años*
- *La oración como encuentro*
- *La salud como tarea espiritual. Actitudes para encontrar un nuevo gusto por la vida*
- *Nuestras propias sombras. Tentaciones. Complejos. Limitaciones*
- *Nuestro Dios cercano. Imágenes bíblicas de la Redención*
- *Si aceptas perdonarte, perdonarás*
- *Su amor sobre nosotros. Reflexiones orantes para todos los días*
- *Una espiritualidad desde abajo. El diálogo con Dios desde el fondo de la persona*


Paseo Imperial 53-55. 28005 Madrid. España
**www.narceaediciones.es**


Título original: *Leben-nich nur am Wochenende. Wie Arbeit lebendig macht*
Traducción: María Pilar Díaz Palacio
Imagen de la cubierta: IngImage

ISBN papel: 978-84-277-2647-5
ISBN ePdf: 978-84-277-2648-2
ISBN ePub: 978-84-277-2649-9
Depósito legal: M-29099-2019

Impreso en España. Printed in Spain
Imprime: Safekat

# ÍNDICE

## Trabajo en equipo



## Equilibrio

# PRESENTACIÓN

Cuando los jóvenes comienzan a ejercer su profesión se preguntan con frecuencia por su trabajo en el futuro. Aparecen los temores sobre cómo será la situación del trabajo al pasar los años, si estarán preparados para ello. Los que llevan ya mucho tiempo trabajando experimentan cómo va creciendo la presión en el trabajo y cómo el clima en muchas empresas es cada vez más frío e inhumano. Y se preguntan cómo, en ese ambiente frío, pueden seguir siendo personas con un corazón cálido.

¿Cómo podemos seguir siendo humanos en nuestro trabajo y salir airosos hoy día en el mundo laboral? ¿Y cómo debemos entender el trabajo como cristianos? ¿Existe una ética cristiana del trabajo o debemos seguir sencillamente las leyes del mundo laboral?

Para muchas personas el trabajo se convierte cada vez más en una carga. Tienen miedo a perder la alegría en el trabajo y a sucumbir bajo el peso de las exigencias de este. Incluso algunos problemas concretos pueden ser agobiantes. Por ejemplo, la cuestión de la colaboración con colegas difíciles o cómo comportarse con un jefe de carácter complicado.

En la segunda carta a los Tesalonicenses (3,12) Pablo exhorta a los cristianos: *Trabajad con sosiego.*

Pocas personas podrían decir hoy que pueden realizar su trabajo con sosiego. Con frecuencia un menor número de empleados tiene que realizar el mismo trabajo que cuando eran muchos más. La presión es cada vez mayor, muchos se sienten sobrecargados. Esto se refleja en un creciente número de bajas por enfermedad y en el "síndrome del desgaste", que sufren muchas personas actualmente.

San Benito aplicó la ética del trabajo, presente en san Pablo, a la vida concreta de los monjes. Él pedía a sus monjes que vivieran del trabajo de sus manos. Eso supone esfuerzo y cansancio. Sin embargo, pide al mayordomo, que está al frente de la economía del monasterio, que vigile su alma y desempeñe su oficio sin perder la paz (Regla de san Benito 31,8 y 17). Benito habla aquí de *aequo animo*: el mayordomo debe tener un ánimo interior sereno y llevar a cabo su tarea con ecuanimidad, sosiego y paz interior. Él puede encontrar esta paz interior, por una parte, organizando su tarea para no sobrecargarse. Por otro lado, hay que realizar un gran trabajo espiritual sobre uno mismo para poder hacer frente a los esfuerzos del liderazgo del monasterio con ecuanimidad interna. A muchas personas, que se quejan de las exigencias de su trabajo diario, estos pensamientos, que Benito ha recogido en su Regla hace 1500 años, les pueden parecer extraños y poco comprensibles. ¿Cómo van a encontrar tranquilidad cuando están expuestos a expectativas constantes en la empresa, en la familia, en la comunidad eclesial?

Benito veía la unión de la oración y el trabajo como el objetivo propio de la vida espiritual. *Ora et labora* se considera la divisa fundamental de los benedictinos. Esto no significa solamente una conexión con el exterior y un reparto equilibrado del tiempo entre la oración y el trabajo. Se trata más bien de una conexión interior. Si tenemos éxito en la unión interior entre oración y trabajo, entonces podríamos también hoy trabajar "con paz interior". Sin embargo, las condiciones actuales no son propicias para vivir el *ora et labora* en nuestro trabajo. Por ello, en este libro no se trata solo de lo que tenemos que hacer personalmente para combinar la oración y el trabajo, sino que también se revisan las condiciones estructurales que hacen posible tal conexión. Cuando por parte del personal directivo solo hay presión, cuando uno ya no reconoce el significado del trabajo, cuando todo tiene que ir más y más rápido, entonces no es fácil trabajar con paz interior. Por lo tanto, las empresas también deben esforzarse por crear un clima adecuado. Es necesario un ambiente de confianza. En un ambiente así, la gente trabaja con gusto. Y también trabajan mucho. Pero no se sienten controlados o bajo presión.

El *ora et labora* benedictino dio forma a la ética del trabajo de la Edad Media cristiana. Hoy todavía podríamos aprender de esa ética. Por supuesto, hoy las condiciones son diferentes a las de la época de san Benito, pero que oración y trabajo, pausa interior y salida-hacia-afuera, movimiento y descanso, vida y profesión, deben reconciliarse entre sí, es también una preocupación importante en la actualidad. Hoy se habla del equilibrio vida-trabajo y de la conciliación del trabajo con la vida familiar. Según Benito la oración es la fuente de la cual fluye el trabajo. Y a la inversa, el trabajo es la prueba de la autenticidad de nuestra oración, es decir, si en ella nos liberamos verdaderamente de nuestro ego para poder entregarnos a Dios y a nuestro trabajo. Pero ¿qué significa la oración para la mujer y el hombre modernos, que no son necesariamente piadosos?

La oración en sentido amplio significa tener tiempo para hacer una pausa, tiempo para descansar, un espacio de tiempo en que interrumpo mi trabajo para estar completamente conmigo mismo. El camino correcto para llegar a hacer esa pausa necesita rituales. Los rituales son actividades pequeñas, repetitivas, que pueden convertirse en un hábito. Los rituales son ejercicios. Por ejemplo, yo hago el siguiente ejercicio por la mañana: me pongo de pie, levanto mis manos para bendecir y dejo que la bendición fluya sobre las personas con las que y para las que trabajaré ese día. Otro ejemplo: antes de una entrevista o una charla, tengo la costumbre de hacer una pausa interior y pedir a Dios su bendición para la reunión. Existen rituales personales, hábitos personales, pero también hay rituales comunes. Rituales que dan forma a la cultura de una empresa, por ejemplo, el ritual de celebrar los cumpleaños de los empleados. Otros rituales, son las formas de saludo, o de comenzar y terminar el trabajo.

El hecho de que la unión *ora et labora* también tiene sentido en el ámbito del trabajo secular está demostrado por investigaciones en el plano de la economía. Las empresas que cuidan los rituales tienen más éxito económico. Esto puede parecer paradójico, porque los rituales requieren tiempo. Por ejemplo, si para celebrar el cumpleaños de un empleado tomamos juntos un café, lo felicitamos y alabamos su cooperación en la empresa, todo esto *cuesta* tiempo. Pero los rituales son precisamente el lugar donde se exteriorizan sentimientos que de otro modo, no llegarían a expresarse.

Cuando estas emociones se expresan en un ritual, se convierten en una fuente de energía. Las emociones mueven a los empleados a trabajar con gusto y a tiempo completo. Y los rituales crean una identidad corporativa. Uno siente que en ellos hay algo más que la efectividad del trabajo. Los rituales crean un tiempo sagrado. Y este tiempo sagrado que los empleados se conceden en una empresa, transforma también el resto del tiempo. Nos impide ser devorados por el tiempo (*chronos*) y nos regala un tiempo amable (*kairós*). Los rituales se abren camino a través del trabajo y hacen que en medio de la tarea diaria brille algo de sentido, de trascendencia, de amor y respeto. Esto motiva a las personas más que la presión desde arriba o el temor con que algunos jefes creen que pueden incitar a sus empleados a hacer un mayor esfuerzo.

Siempre tenemos que atender ambos frentes: el frente de la organización externa del trabajo y la creación de un entorno de trabajo saludable, y el frente de la espiritualidad personal. Aun cuando las condiciones externas no sean ideales siempre puedo retirarme a orar en el espacio interior de silencio. Ese *espacio de silencio* no me impide trabajar, sino que me capacita para mantener la paz interior en medio de una atmósfera ruidosa y agitada. Cuando llevamos a cabo nuestro trabajo desde una fuente de energía espiritual interior, ese trabajo se convierte en una bendición para nosotros y para las personas para las que trabajamos.

Las imágenes de las historias bíblicas nos quieren abrir los ojos para que no miremos de una forma pesimista el trabajo que nos espera, o en el que estamos en este momento. Con ello, la Biblia no quiere inducirnos a ver nuestro trabajo con unas lentes de color rosa, sino con una mirada realista. Pero esta visión realista es siempre también una mirada de esperanza, que nos permite descubrir, en la situación laboral actual, formas de dominar el trabajo de tal manera que traiga bendición para nosotros y para el mundo.

Las 25 imágenes bíblicas quieren evitar que seamos aplastados por el trabajo. Nos señalan las fuentes internas de las que podemos servirnos para no agotarnos con los esfuerzos diarios. Por eso es para mí tan importante el *ora et labora* benedictino. Se trata de describir la espiritualidad como una fuente importante para nuestro trabajo. La oración nos ayuda a involucrarnos plenamente en el trabajo sin ser aplastados por él, porque nos pone en contacto con la fuente interior del Espíritu Santo, que nunca se seca. Cuando trabajamos desde esa fuente, ella transforma nuestro trabajo. Ya no es solo una carga o un deber, sino que se convierte en una expresión de nuestra espiritualidad, una expresión de amor y entrega.

Las imágenes están ahí para ser meditadas e imaginarlas en nuestro interior. El libro quiere invitarte a ti, querida lectora, querido lector, a contemplar las imágenes bíblicas y luego a echar una mirada a tu trabajo. Cuando encuentres una conexión entre tu situación de trabajo concreta y una imagen bíblica, descubrirás nuevas formas de enfrentar las dificultades y reconocerás un sentido a su trabajo. Las imágenes bíblicas quieren traer luz a nuestra vida. Las imágenes son más que experiencias del pasado: nos abren una ventana para que podamos ver la realidad. Con bastante frecuencia las personas miran hoy sus vidas a través de ventanas oscuras y empañadas. La Biblia quiere limpiar los cristales para que la luz pueda pasar a través de ellos y, bajo esta luz, aprendamos a reevaluar nuestra situación laboral.

Junto con las imágenes bíblicas he citado algunos fragmentos de la Regla de san Benito y los he expuesto de manera que nos muestren una forma viable de vincular hoy la oración y el trabajo. Tanto la Regla de san Benito como la Biblia están escritas en un lenguaje que con frecuencia nos parece extraño. La Biblia y la Regla necesitan una interpretación. Pero cuando vemos las palabras antiguas a la luz de nuestras experiencias actuales, descubrimos en ellas una gran sabiduría. Y esta sabiduría puede ayudarnos hoy a ver nuestra situación laboral con nuevos ojos y a enfrentarnos a ella de forma que no nos oprima, sino que nos anime a crecer humana y espiritualmente.

Por tanto te deseo, querida lectora, querido lector, que te sientas motivado por las imágenes bíblicas y los textos de la Regla de san Benito a comprender tu situación concreta de trabajo de una manera nueva y más profunda y a que encuentres nuevas formas de afrontarla. Deseo que tu trabajo sea bendecido por Dios y traiga bendiciones para ti y para las personas para las que y con las que trabajas.

# REQUISITOS ESPIRITUALES

## TENTACIONES

Antes de que Jesús comenzara su vida pública fue tentado por Satanás. Se podrían entender estas tentaciones como si Jesús, antes de dar este paso, se tuviera que enfrentar a su propio lado oscuro. Cada uno de nosotros tiene también lados oscuros. Son las tentaciones de usar el trabajo para exteriorizar nuestras propias necesidades egoístas. Pero entonces el trabajo ya no nos ayudará y nos sentiremos alienados. No seremos bendición para otros. Por tanto, es también deber nuestro, antes de comenzar a trabajar, enfrentarnos como Jesús a estas tres tentaciones. Solo entonces nuestro trabajo tendrá éxito. Pero incluso, durante el trabajo, nos sorprenden algunas veces estas tentaciones. Siempre debemos tener en cuenta cómo y para qué queremos trabajar.

La primera tentación es convertir las piedras en pan. Es la tentación de usar todo para nosotros mismos. El único propósito del trabajo es que tengamos ventajas. Que nos sirva para ganar la mayor cantidad de dinero posible. Pero

Jesús dice: *No solo de pan vive el hombre sino de toda palabra que sale de la boca de Dios* (Mt 4,4).

Vivimos no solo de aquello que nos proporciona algo, sino de lo que verdaderamente nos nutre. No vivimos solo para el dinero. El dinero no alimenta. Se necesitan otros valores que nos nutran en el trabajo. Jesús habla de la Palabra de Dios. Podemos interpretar la Palabra de Dios de diferentes formas: en ocasiones habla de los valores que nos nutren, que nos dan fuerza. Sin valores, nuestra actividad pierde su valor. Por tanto, debemos pensar qué valores nos guían en el trabajo. Pero la Palabra de Dios también se refiere a lo que Dios quiere decirnos. Escuchar la Palabra de Dios es necesario para que no nos conformemos con "ir tirando".

La Palabra de Dios nos muestra una manera de vivir nuestras vidas de una manera significativa. Y nos apunta más allá de este mundo. Hay algo que trasciende este mundo. Solamente cuando tenemos realmente nuestro apoyo en Dios, que está más allá del mundo, tenemos también un buen fundamento para nuestro trabajo en el mundo. En el Padrenuestro le pedimos a Dios que nos dé el pan de cada día. Los Padres de la Iglesia vieron en esta frase una referencia al sustento diario, y también entendieron este pan como un pan "sobreesencial", como un pan que llena nuestro más profundo anhelo por el mundo del más allá, por Dios.

La segunda tentación es la de sobresalir en el trabajo. Jesús debe saltar desde el tejado del templo. Se supone que debe realizar un "número de magia". Él debe estar por delante de todos los demás. Algunos solo aspiran a brillar en su trabajo. Quieren colocarse por encima de los demás. A veces pierden en ello la justa medida. Solo desean hacer carrera. Llaman la atención hacia sí mismos a través de acciones especiales para seguir subiendo. Pero el peligro está en que caigan de repente, porque se sobrevaloran a sí mismos. Critican a los demás empleados y a los jefes. Los demás no tienen ni idea del trabajo. Solamente ellos son realmente capaces. Tal sobreestima de nuestros méritos, sin embargo, no nos hace bien. Algunos van a trabajar con expectativas demasiado grandes. Creen que están sobrecualificados para los trabajos sencillos. Piensan que, enseguida, deberían realizar tareas que correspondan a su formación. Pero, si me salto las tareas sencillas, no podré esforzarme para subir. No se trata de que se preste atención a mis habilidades especiales, sino, en primer lugar, de cumplir bien las tareas simples. No se trata de hacer magia, de llamar la atención con "magia", se trata de la bendición de Dios. Mi actividad debería ser una bendición para mí y para las personas para las que trabajo.

La tercera tentación es la tentación del poder. Todos ejercitamos el poder. El poder es también algo bueno. Tenemos el poder de dar forma a algo, de hacer algo bueno. Podemos construir algo y ponerlo en movimiento. Pero siempre existe la tentación del poder. Los empleados a menudo reconocen esta tentación en sus jefes. Algunos jefes no utilizan su poder para dirigir bien la empresa y crear un buen ambiente de trabajo para los empleados, sino para significarse. Quien ejerce poder asume responsabilidad con respecto a otras personas. Debe asegurarse de que los empleados tengan un lugar de trabajo bueno y seguro, de que el futuro de la empresa esté asegurado. Pero muchos ejercen el poder para empequeñecer a los demás. Este es el caso que se da cuando yo quiero compensar mi propio sentimiento de inferioridad ejercitando el poder. Pero en lo que respecta a la tentación del poder, no solo debemos mirar a los jefes.

Todo el que trabaja ejercita el poder, porque puede producir algo con su trabajo. Crea un clima a su alrededor, que puede ser un clima en el que todos se sientan cómodos, pero también puede ser un clima de miedo, con el que me gustaría intimidar a los demás. Entonces estoy sucumbiendo a la tentación del poder. Muestro mi poder sobre los compañeros de trabajo que están menos dotados que yo, que son menos valorados por el jefe. Ejercito mi poder cuando desvalorizo a los otros compañeros. Y ejercito mi poder sobre ellos cuando hago que dependan de mí. Una forma muy utilizada de ejercer el poder es hacer esperar a otros. Es el poder del pequeño funcionario que hace esperar largo tiempo a cada solicitante para demostrarle que tiene poder. Este poder lo ejercen también muchos empleados que hacen esperar a sus compañeros. Estos deben sentir que dependen de su generosidad. Juegos de poder como estos existen con frecuencia en las empresas.

Benito conoce la tentación que va asociada a todo trabajo. Para él las tentaciones más importantes son la del fraude y la de la codicia. Siempre estamos tentados de presentar nuestro trabajo mejor de lo que es. Esto vale tanto para la actividad en nuestro puesto de trabajo como para los productos que fabricamos. Esto es lo que Benito denomina *fraude*. Debemos ser honestos en nuestro trabajo, agradecidos por lo que hemos logrado, pero siempre conscientes de que el resultado de nuestro trabajo no satisface todas las necesidades del mundo.

La otra tentación es la codicia. Queremos ganar más y más con nuestro trabajo y vender nuestros productos cada vez más caros para que crezca la ganancia de la empresa. En contraste, Benito escribe:

> Si hay que vender las obras de estos artesanos, procuren no cometer fraude aquellos que hayan de hacer la venta. Recuerden siempre a Ananías y Safira, no vaya a suceder que la muerte que aquellos padecieron en sus cuerpos, la sufran en sus almas ellos y todos los que cometieren algún fraude

> con los bienes del monasterio. Al fijar los precios no se infiltre el vicio de la avaricia, antes véndase siempre un poco más barato que lo que puedan hacerlo los seglares, "para que en todo sea Dios glorificado".
>
> (Regla de san Benito 57,4-9)

Es interesante que el lema de san Benito "para que en todo sea Dios glorificado" aparezca precisamente en el capítulo sobre el trabajo. Algo de la belleza de Dios debe hacerse visible a través de la forma en que trabajamos. En ello notará la gente si lo hacemos por nosotros y por nuestra propia imagen, o por la gloria de Dios.

## Los orígenes familiares como fuerza raíz

Hacerme consciente de mi origen me ayuda a descubrir mis fortalezas y mis debilidades. Solo cuando conozca ambas –las fortalezas y las debilidades– puedo utilizarlas para desarrollar en mi trabajo el potencial que Dios me ha dado. Cada uno está marcado por su familia de origen. Este sello debe utilizarlo de tal forma que se convierta en una bendición para él y para los demás.

La historia bíblica de Abrahán, Isaac y Jacob nos muestra cómo nos marca la familia de origen. Abrahán fue el gran Patriarca. Él salió de su tierra natal y construyó una nueva vida en el extranjero. Pero con tanto mudarse e instalarse descuidó, al parecer, a su hijo Isaac. Isaac era más bien el hijo querido de su madre. Parece ser débil frente a su padre. A pesar de ello, vivió su vida y se convirtió en el padre de Esaú y Jacob. El rechazo que experimentó por parte de su padre, se lo pasó a sus hijos. Los dos hijos no se aceptan entre sí. Jacob es el más listo, Esaú el mayor y el más fuerte, el luchador.

Jacob compra su primogenitura a Esaú y consigue de su padre la bendición del primogénito, engañando a su hermano. Pero cuando pide a Labán que le dé por esposa a su hija Raquel, Labán lo engañó, y la sustituyó por su otra hija, Lea, que era muy fea. Así es como Jacob tuvo que trabajar para ambas mujeres durante 14 años. En este tiempo, Lea da a luz a muchos hijos, mientras que Raquel solo le da a José como hijo. Cuando Jacob quiere regresar a casa, después de 14 años, engaña a su suegro y se lleva con él la mayor parte del rebaño de cabras. Su astucia ha ganado.

Hoy en día hay muchas personas sin padre, especialmente si la madre tiene que criar sola a sus hijos. Pero también hay personas sin madre, que no pueden construir con ella una buena relación porque está demasiado ocupada para poder mantener a su familia, de forma que no puede atender personalmente a los hijos. Las personas sin padre son a menudo desconfiadas en el trabajo y tienen problemas con la autoridad. Se muestran tímidas ante los conflictos e indecisos. Las personas sin madre buscan con frecuencia seguridad en sus lugares de trabajo. La empresa se convierte así en la sustituta de la madre. Pero esto a menudo conduce a la decepción, porque la empresa no solo no es una madre, sino con frecuencia un mundo difícil.

Es bueno que conozcamos nuestra historia familiar. Yo he acompañado a un sacerdote, que tuvo un padre fuerte, como Abrahán. Pero el padre era tan fuerte hacia afuera que el hijo tenía el sentimiento, de que nunca estaría a la altura de un padre así. Por eso eligió una profesión "contraria" a la de su padre que era juez y se hizo sacerdote y fue capellán de la cárcel, a donde iban los presos que enviaba su padre. Fue por el carril contrario que su padre. Pero eso le cortó las raíces que le unían a él, y le hizo caer en una depresión años más tarde. Yo le dije: "Tú eres hijo de tu padre, pero no tienes que copiarle, aunque tienes una parte de la fuerza de tu padre. Confía en esa fuerza". Él lo hizo y asumió una labor de dirección. Así pudo vivir su participación en la fortaleza paterna y desempeñó su tarea con gran aprovechamiento.

Nunca debemos vivir contra los padres, sino desde la fuerza de los orígenes. Para ello es muy importante que nos desliguemos de ellos también interiormente, y sigamos nuestro propio camino. He acompañado a personas cuyos padres fueron nazis y no es fácil separarse de los aspectos negativos que han vivido. Pero los padres no eran solamente nazis. También tenían otros aspectos. Y estos son los que yo debo contemplar. Ellos son también mis raíces. Y esas raíces de los padres deben ser purificadas. No debo ignorar lo que hicieron mal, sino que lo miro, lo lamento y lo dejo en ellos. Respeto a los padres no por el mal que han hecho sino por lo bueno que me han dado a mí. De esa manera puedo respetar mis orígenes y al mismo tiempo me libero de los malos enredos de mi padre. Si no trabajamos los orígenes, con frecuencia repetiremos inconscientemente los aspectos negativos de nuestros padres. O bien, estaremos paralizados internamente por estos aspectos. No encontramos nuestra fuerza.

Tenemos que mirar siempre ambas raíces: las buenas y las envenenadas. Las raíces envenenadas debemos o limpiarlas o cortarlas, para que las raíces buenas puedan nutrirnos. La limpieza de las raíces podría hacerse a través del perdón. Contemplo las heridas que han contaminado mis raíces. Y perdono a mis padres. O bien, me abrazo a mí mismo con mis heridas. Si soy capaz de hacerlo, podré experimentar, a pesar de mis heridas, una paz interior en mí. Siento que esas heridas me han conducido a permanecer vivo y a ponerme en el camino del desarrollo interior.

Jacob miró la historia de su familia. Encontró su propio camino. Para ello, primero tuvo que salir del nido de la madre y hacer su camino con astucia. Pero cuando va de vuelta a casa se entera de que viene hacia él su hermano Esaú. Se asusta, su astucia ya no le ayuda. Ahora tiene que enfrentarse a su propia verdad, a su propio lado oscuro.

La Biblia nos cuenta la peculiar escena en la que Jacob lleva a sus esposas, sus hijos y sus posesiones a un vado y luego permanece solo. Esa noche un hombre oscuro lucha con él. El hombre oscuro es una imagen del lado oscuro. Jacob ya no puede reprimir su zona oscura. Su hermano Esaú es una imagen de lo oscuro, lo desconocido, lo salvaje que hay en él mismo. En la lucha con el hombre oscuro, Jacob tiene que enfrentarse a esa zona. En medio de la pelea, el hombre le dice a Jacob que lo suelte, y entonces Jacob le dice: *No te dejaré ir si no me bendices* (Gn 32,27).

Y el hombre bendice a Jacob y le da un nuevo nombre. Ya no se llamará Jacob (estafador) sino Israel (el que lucha con Dios). Si nos enfrentamos a nuestros propios lados oscuros, estos se convierten entonces en una bendición para nosotros. Y proseguimos, transformados, nuestro camino. Y, como Israel, nos convertimos en bendición para muchas personas.

La mejor preparación para el trabajo es el encuentro honesto con uno mismo y la observación de lo que percibimos en nosotros como lado oscuro. Si no miramos nuestras sombras y no nos reconciliamos con ellas, proyectaremos nuestras sombras sobre los demás. Y esto puede falsear nuestro trabajo. Si no miramos, por ejemplo, la necesidad que tenemos de ser el centro de atención, entonces lo proyectaremos constantemente sobre nuestros compañeros o sobre el jefe. Y tendremos la impresión de que nuestro jefe es un tipo narcisista, que siempre gira en torno a sí mismo. O que nuestro compañero de trabajo quiere siempre atraer la atención de todos. No nos damos cuenta que esta necesidad está en nosotros mismos y se la achacamos al otro.

Si nos reconciliamos con ello podremos relacionarnos con los colegas y con los directivos de una forma más relajada, honesta y realista. No los vemos a través de las lentes empañadas de nuestros lados oscuros reprimidos, sino que los vemos como son. Y entonces es también posible una buena cooperación.

El autoconocimiento era para los monjes un paso decisivo en su camino espiritual. Las personas deben observar todos sus pensamientos y sentimientos y dejarlos examinar por Dios. Solo una exacta autoobservación puede librarnos del peligro de proyectar en los demás seres humanos los propios pensamientos y necesidades desconocidos. A menudo sucede que los jefes proyectan sus propias necesidades reprimidas en sus empleados y las combaten en ellos. De ello debería preservarnos la autoobservación, como escribe en su Regla san Benito:

> Absteniéndose en todo momento de pecados y vicios, esto es, en los pensamientos, en la lengua, en las manos, en los pies y en la voluntad propia, y también en los deseos de la carne. Tenga el hombre por cierto que Dios le está mirando a todas horas desde el cielo, que esa mirada de la divinidad ve en todo lugar sus acciones y que los ángeles le dan cuenta de ellas a cada instante. Esto es lo que el profeta quiere inculcarnos cuando nos presenta a Dios dentro de nuestros mismos pensamientos al decirnos: "Tú sondeas, ¡oh Dios!, el corazón y las entrañas" Sal 7,10). Y también: "El Señor conoce los pensamientos de los hombres" (Sal 94,11). Y vuelve a decirnos: "De lejos conoces mis pensamientos" (Sal 139,2). Y en otro lugar dice: "El pensamiento del hombre se te hará manifiesto" (Sal 76,11).
>
> (Regla de san Benito 7,12-17)

Las palabras no deben asustarnos pensando en un Dios que nos controla. Más bien deberían hacernos conscientes de que siempre vivimos en la presencia de Dios, que todo lo ve. Por tanto, debemos mirarnos a nosotros mismos y conocernos más y mejor. Así trataremos a las personas de manera adecuada sin atribuir a los otros aquello que no conocemos de nosotros mismos.

## Profesión o vocación

Nuestra profesión no es solo un trabajo que hacemos para ganar dinero. Martín Lutero tradujo la palabra latina *vocatio* (llamada de Dios) para designar la actividad en el mundo. Habla de la profesión de la persona. Y la profesión de la persona brota de una vocación, de una llamada de Dios[1]. La persona está llamada a algo. Está llamada a cumplir un deber, una tarea. Lutero entendió la palabra profesión (*Beruf*) no solo como llamada de Dios (*Berufung*) sino también como misión y oficio de la persona en el mundo. Este doble significado sigue vigente hoy día en el idioma alemán. Algunos emplean la palabra Beruf solo para designar la ocupación. Sin embargo, hay algo en la palabra que implica que soy llamado para mi profesión. La profesión (*Beruf*) se corresponde con mi vocación más íntima (*Berufung*).

El término *Berufen* (llamado, elegido) procede de *rufen* (llamar). Dios llama a la persona. La persona no está abandonada a sí misma. Por esencia, es un ser llamado. Dios lo llama para que responda y la persona responde con su existencia. A veces la profesión es una respuesta a la llamada de Dios. Toda profesión tiene que ver con la vocación. La persona que ama su profesión, se siente llamada a realizarla como artesano, como médico, como terapeuta, como enfermera. Dios nos llama a través de suaves impulsos de nuestro corazón, a través de los sentimientos de coherencia y vivencia interior. Allí donde en mí surge amplitud y libertad, allí donde mi corazón rebosa de amor y paz, allí percibo la llamada de Dios. Pero esta llamada quiere ser escuchada y entendida. A muchos les gustaría saber a qué les ha llamado Dios. Se preguntan por la lla-

[1] En alemán tienen la misma raíz *Beruf* y *Berufung* y el texto siguiente juega con este doble significado. [N. de la T.]

mada de Dios, pero no la escuchan o no la entienden. Esa llamada no puede proceder de nosotros mismos. Debemos estar preparados a escuchar, pero la llamada siempre es una gracia. Y respecto a la llamada tenemos que distinguir bien si proviene del superyó o viene realmente de Dios. En la tradición espiritual existe el ejercicio del discernimiento de espíritus. Este es especialmente importante en la vocación y en la profesión. Si la llamada proviene del propio superyó, nos lleva a sobre exigirnos. Es cuando creo que estoy llamado a algo grande, pero esta llamada se corresponde más bien con delirio de grandezas o con el perfeccionismo. Cuando la llamada procede de Dios, siempre trae consigo paz, libertad, vida y amor.

El Antiguo Testamente nos relata la historia de una vocación, que también nos puede decir algo sobre la nuestra. Ana y su esposo Elcaná pasaron mucho tiempo sin tener hijos. Siguieron yendo a Siló para pedirle a Dios que les diera un hijo. Cuando Dios escuchó su petición y les dio a Samuel, lo llevaron al sacerdote Elí, para consagrarlo a Dios. Samuel servía en el templo. También dormía por las noches allí. Un día llamó Dios a Samuel mientras dormía. Samuel pensó que era Elí quien lo había llamado. Fue donde él y le dijo: *Aquí estoy, pues me has llamado. Pero Elí le dijo: No te he llamado, vuelve a acostarte* (1 Sam 3,5).

Así sucedió tres veces. La tercera vez, Elí le dijo a Samuel que tan pronto como el Señor lo llamara, debía contestar: *Habla, Señor, que tu siervo escucha* (1 Sam 3,9). Así lo hizo Samuel y escuchó la palabra de Dios que le indicó el futuro. Y Dios siguió manifestándose a través de su palabra al joven Samuel. Así se convirtió Samuel en profeta y cumplió como juez y profeta una importante tarea para el pueblo de Israel.

Samuel reconoció la voz de Dios cuando Dios le habló. Pero nosotros con frecuencia no comprendemos lo que Dios nos quiere decir. Por eso es bueno para nosotros hacer silencio con frecuencia para darnos cuenta de lo que Dios nos está diciendo y qué quiere llamarnos a hacer. Dios nos habla a través de impulsos interiores. Cuando escuchamos a nuestro interior y sentimos que un impulso crea en nosotros vida, libertad, paz y amor, debemos confiar en que ese impulso viene de Dios. La otra pregunta es cómo traducimos en nuestras vidas ese impulso interior, qué profesión debemos elegir de modo que obedezcamos a esa llamada interior. La profesión que elijamos debe darnos alegría. Debemos seguirla con gusto. Debería atraernos y guiarnos hacia nuestra fuente de energía. Y debe estar para nosotros llena de sentido. Debemos sentir que podemos hacer algo significativo por los demás.

Tal vez esto suene demasiado idealista para algunos. Dice: yo no pude elegir mi profesión. Tuve que aceptar este trabajo, porque de lo contrario estaría desempleado. Incluso dentro de la empresa no puedo elegir el trabajo que se ajuste a mi vocación más profunda. Debo llevar a cabo simplemente la tarea que mi jefe me ha asignado. La realidad nos impide con frecuencia seguir nuestra propia vocación.

El arte consiste, entonces, en transformar en algo vocacional el trabajo que me ha sido asignado o que yo obligatoriamente he tenido que aceptar. ¿Y cómo puede funcionar? No puedo elegir el trabajo. Pero si yo digo sí a ese trabajo, que me ha sido asignado, puede convertirse también en mi vocación. Entonces puedo ver mi vocación en hacer bien y concienzudamente aquello que se me ha ordenado, disfrutando con lo que hago. Entonces mi trabajo se transforma. Ya no es simplemente una tarea. Lo llevo a cabo con amor y entrega. Con mi trabajo creo un pedacito de este mundo y traigo a través de mi forma de trabajar más alegría, amor y bondad al mundo. Esto es lo que veo ahora como mi vocación: transformar lo que se me ha dado en entrega, amor y gozo.

En el Prólogo de su Regla habla Benito de la llamada de Dios a cada uno:

> Levantémonos, pues, de una vez; que la Escritura nos espabila, diciendo: "Ya es hora de despertamos del sueño". Y abriendo nuestros ojos a la luz de Dios, escuchemos atónitos lo que cada día nos advierte la voz divina que clama: "Si hoy escucháis su voz, no endurezcáis vuestros corazones" (Sal 95,8). Y también: "Quien tenga oídos, oiga lo que dice el Espíritu a las Iglesias" (Apocalipsis 2,7).
>
> (Regla de san Benito, Prólogo 8-11)

Dios es, por tanto, para Benito, aquel que nos llama. A su llamada deberíamos responder con dos reacciones: la primera reacción es despertarnos. A menudo nos hemos entretenido bastante con algunas ideas. Hemos pensado qué queremos hacer con nuestra vida. Pero con frecuencia hemos seguido ciegamente cualquier ilusión. Cuando seguimos la llamada de Dios despertamos, abrimos los ojos y reconocemos primero la luz que fluye a través de nuestras vidas. Nuestra vida se hace más clara y más feliz. La segunda reacción es que rompemos nuestros endurecidos corazones, para que una nueva vida pueda florecer en nosotros. Muchas veces hemos endurecido nuestros corazones y los hemos cerrado ante todas las inseguridades del exterior, pero la llamada de Dios nos desconcierta. Él nos llama a salir de la seguridad en nosotros mismos, no nos llama a una sobre exigencia, sino a una nueva y auténtica vida.

## La vocación según Jesús

Las historias sobre la vocación en el Nuevo Testamento pueden ayudarnos a reconocer nuestra vocación y cómo podemos entrar en contacto con nuestras propias capacidades. Jesús llama a las personas de manera individual para que lo sigan. Cuando ve a Simón y a Andrés en el lago, echando las redes, les llama: *Venid conmigo y os haré pescadores de hombres* (Mc 1,16).

Los dos dejan todo lo que tienen, su profesión, sus familias, y siguen a Jesús. Simón y Andrés son sencillos pescadores, que solo poseen unas redes que, de pie, echan al mar. Después de estos dos, Jesús ve a Santiago y Juan, hijos de Zebedeo, que están sentados en el bote reparando sus redes. Ambos están más arriba en la escala social. Tienen, como se podría decir hoy día, una flota pesquera. Estos pescan desde el bote. Jesús llama a ambos. A Jesús no le importa el nivel social. Simón, el más pobre y socialmente más humilde, lo coloca después a la cabeza del grupo de los discípulos. Da igual cuál sea el origen social de las personas, sólo deben seguir a Jesús.

¿Qué significa esto para nosotros? Que debemos seguir nuestra voz interior. Jesús nos habla desde nuestro verdadero yo. Debemos seguir esa voz, con frecuencia tan suave. Hay otra cosa importante, además: Jesús transforma la profesión de los pescadores. Deben convertirse en pescadores de hombres. Deben ejercitarse en aquello que han aprendido y dominan pero en otro sector. Deben pescar personas. De igual forma que hasta ahora esperaban pacientemente a los peces, para pescarlos, ahora deben escuchar a las personas, para ver cuándo están preparadas a seguir su mayor anhelo. Deben guiarlos por el camino del anhelo y de la fe.

En alemán tenemos un refrán que dice: "Si quieres atrapar a alguien, cuelga tu corazón en la caña de pescar". Solo podemos ganar personas para la vida y para Dios si les mostramos nuestro corazón y nos dirigimos a ellos cordialmente.

Traducir este pasaje de la Biblia a nuestras vidas significa que lo que he aprendido de mis padres debe ser fructífero para los demás de una manera nueva y transformada. Lo aprendido debe ejercitarse en la profesión. Pero, a la vez, debe colocarse en un nivel más alto. Los discípulos no deben simplemente seguir practicando su antigua profesión, que han aprendido de sus padres. Por el contrario, deberán convertirse en pescadores a otro nivel. Deben descubrir la habilidad de ganar a las personas para la vida y para Cristo. Al mismo tiempo no debemos negar nuestro origen. Sigue dándonos forma. Solo se necesita una llamada interior para sentir en qué se puede transformar lo aprendido.

Y la palabra de Jesús, que lleva el sueño original de los discípulos a otro nivel, me lleva por un camino diferente. Para encontrar la profesión que corresponde a nuestra forma de ser es bueno buscar con qué soñábamos en la historia de nuestra vida. Deberíamos preguntarnos: ¿Qué es lo que quería llegar a ser cuando era niño o niña? ¿Qué profesión quería tener? O bien, podemos ponernos a la escucha de nosotros mismos: ¿Qué cosas me entusiasmaba hacer cuando era niño? ¿Dónde y a qué jugaba sin sentirme cansado? Entonces deberíamos descubrir qué nos ha fascinado en ese juego o en esa actividad. ¿Qué ha saltado en nuestra alma? ¿Qué idea brillante se nos ha ocurrido?

Las imágenes que se expresan en los sueños y en los juegos pueden ayudarnos a interpretar nuestra situación específica y nuestra profesión. Si nos encontramos aún ante la elección de la profesión podemos pensar en qué dirección queremos orientar nuestras imágenes infantiles. Las imágenes que aparecieron en nuestra infancia se corresponden con nuestra naturaleza. No nos han sido impuestas desde fuera, por lo que podemos reconocer en ellas nuestra vocación. Pero, a menudo, se necesita una interpretación de las mismas. Puede ser de mucha ayuda relatar esas imágenes a otras personas. En esas conversaciones con frecuencia recibimos sugerencias acerca de cómo podemos traducir esas imágenes en nuestro trabajo cotidiano concreto. Cuando invito a los participantes de los cursos a recordar situaciones en las que han actuado con pasión, a menudo las expresan con mucha vivacidad. Se ve que han entrado en contacto consigo mismos, y, como se sienten a sí mismos, descubren también cómo pueden vivir su profesión de forma que estén en contacto consigo mismos y con su verdadera naturaleza.

Voy a poner algunos ejemplos. Contaba un psiquiatra que de niño le apasionaban los soldados en formación. Los colocaba de forma que salieran victoriosos del combate. Durante la conversación se dio cuenta que esta era una imagen hermosa para su trabajo como psiquiatra. Como psiquiatra organiza las fuerzas que pueden luchar contra los patrones patógenos en el paciente. Y él tiene que ordenar adecuadamente las fuerzas para que puedan resistir y salir victoriosas de la batalla.

Una mujer, que trabajaba en el servicio de un hotel, solía jugar con muñecas cuando era niña. Siempre hacía de madre que cuidaba a las muñecas. Y por eso ella, como profesional de un hotel, cuida a los huéspedes de una manera maternal, y le preocupa que se sientan seguros y en casa en el hotel. Debido a que está en contacto con lo que le encantaba hacer cuando era niña, no le ha costado nada adaptarse a este trabajo. Más bien ha disfrutado mucho trabajando en el hotel. La imagen de la infancia la ha mantenido en contacto con sus fuentes internas.

Que las personas tengan resistencia a su trabajo, o se sientan impotentes, es una señal de que no están en contacto con sus propias imágenes internas, sino que siguen modelos extraños, que no les hacen bien. Por eso es muy importante en estas situaciones preguntarles por las imágenes con las que van al trabajo. Y su tarea sería descubrir imágenes que les pongan en contacto con su verdadera naturaleza.

Un abogado se mostró reacio a trabajar como jurista. ¡Es un trabajo tan árido! Pensó en estudiar pedagogía social para poder trabajar con las personas. Pero estaba casado y tenía tres hijos. Por lo tanto, no era realista abandonar la profesión y ponerse a estudiar. Le pregunté qué es lo que más le gustaba leer o hacer cuando era niño. Al pensar en libros se acordó de su cuento favorito "La Cenicienta". Al preguntarle por qué le gustaba tanto dijo que porque al final se hizo justicia con la joven. Y contó que cuando era niño y adolescente ideaba y escribía con pasión historias de personas. Cuando le pregunté por su motivación me respondió que él siempre había estado interesado por el destino de las personas. ¿Cómo le va a esa persona? ¿Cómo supera su destino? Durante la conversación le quedó claro que estas dos imágenes eran suficientes para dar a su profesión actual una calidad diferente. Como abogado está constantemente en contacto con el destino de las personas. Y ahí está su tarea, que se haga justicia a estas personas con su destino.

Cuando comparó las imágenes con su tarea actual, de repente sintió que tenía ganas volver a ejercer su profesión de abogado. Ahora tenía una motivación diferente. Ya no era una profesión extraña que había seguido solamente para ganar dinero o porque sus padres se lo habían aconsejado. Ahora había encontrado en sí mismo las imágenes que le permitían ver su profesión como una vocación y ejercerla con nuevo interés.

Sin embargo, las imágenes de la infancia también me pueden indicar que debo cambiar de trabajo. Si no puedo vivir mi imagen interior en mi puesto de trabajo actual, tiene sentido pensar en un cambio. En primer lugar, puedo probar si mi trabajo se transforma aplicándole la imagen de mi infancia. Pero cuando sienta, que eso no se produce, que la imagen y mi trabajo no son compatibles, entonces debería pensar en un cambio. ¿A dónde me quiere conducir mi imagen interior? Si no encuentro una dirección clara puedo intentar conectar los trabajos que se me ofrecen con la imagen interior. Cuando experimente el sentimiento de calma, coherencia, vida y libertad, debo aceptar ese puesto de trabajo.

El evangelio de Juan nos muestra otros aspectos importantes de la vocación. En el primer capítulo describe Juan cómo tiene lugar la vocación de los primeros discípulos. En este caso no llama Jesús a los discípulos. Por el contrario, siempre son otras personas las que dirigen a los jóvenes hacia Jesús. Juan el Bautista mira a Jesús y a sus propios discípulos y dice: *He ahí el Cordero de Dios* (Jn 1,36).

No se sabe qué entendieron, pero los discípulos se vuelven curiosos y siguen a Jesús. Jesús se vuelve hacia ellos y les pregunta: *¿Qué buscáis? Ellos le respondieron: Rabbí, ¿dónde vives? Les respondió: Venid y lo veréis. Fueron, pues, vieron dónde vivía y se quedaron con él aquel día* (Jn 1,38ss).

Quieren ver dónde vive Jesús y cómo vive. Cuando han visto dónde y cómo vivía, van a sus amigos y les cuentan lo que les ha impactado. La llamada de Dios en este caso pasa a través de otras personas, que nos entusiasman con algo. Pero tenemos que hacer nuestra propia experiencia. Tenemos que ver quién es este Jesús, y si merece la pena seguirlo. Es bueno pasar un día con él para comprobar si su cercanía es buena para nosotros. Juan habla de la hora décima. Diez es el número de la totalidad. Por tanto, deberíamos ver si su seguimiento nos sana, si en nuestra profesión encontramos la plenitud de la vida o podemos hacerla realidad.

También se da esta llamada entre nosotros. Por ejemplo, un joven está entusiasmado con su capellán y puede imaginarse a sí mismo siguiendo su mismo camino. Una monja anima a una joven a interesarse por esta vocación. Un padre, como artesano o granjero, ha convencido internamente a su hijo de que esta es también su profesión. A menudo Dios llama a través de las personas. Él nos hace caer en la cuenta de nuestras propias habilidades. Pero siempre debemos escuchar lo que nos dice nuestro interior y preguntarnos: esta llamada que escucho ¿quiere conducirme a algo que se me impone, o, más bien, a mi auténtica vocación, a aquel camino en que puedo desplegar todo lo que Dios me ha regalado? Se necesita siempre un tiempo de clarificación, hasta que podamos reconocer cuál es nuestra llamada.

Los discípulos se quedaron todo el día con Jesús y vieron exactamente qué tipo de persona era y lo que de Él emanaba. Es bueno, por ejemplo, trabajar en una empresa durante algún tiempo para ver si el ambiente me conviene, si puedo adecuarme a ese trabajo y a esas personas. Si mi sentimiento más íntimo se rebela contra él, debería tomármelo en serio. La vocación está por encima del sentimiento que surge cuando conocemos más de cerca un trabajo o una empresa. Se trata más bien de saber si yo me entendería o no con las personas concretas que realizan el trabajo al que aspiro.

Juan nos muestra otro aspecto de la vocación. Felipe recluta a Natanael. Pero él vacila y duda. Jesús se encuentra con él y reconoce su ser más íntimo. Jesús percibe lo que hay en este hombre (cfr. Jn 1,47-50). Jesús, desde su experiencia –como muchos empleadores– percibe cuál es la naturaleza de este hombre y qué oportunidades se encuentran en él. Esto hace que Natanael confíe en que seguir la llamada de Jesús es lo correcto. A veces necesitamos que otras personas vean en nosotros las capacidades que nosotros hasta entonces no habíamos percibido y que indican en qué profesión podemos desplegar el potencial que Dios nos ha regalado.

Lo que los relatos sobre la vocación que encontramos en la Biblia quieren decir sobre nuestra propia profesión es lo siguiente: no es suficiente ir tirando y aceptar el próximo trabajo. Somos llamados por Dios a algo. La dignidad de la persona consiste en que Dios la llama, le da una vocación, para expresar en este mundo algo que solo a través de él puede ser expresado y para dejar en este mundo una huella totalmente personal.

No solo debemos realizar un trabajo, sino que debemos preguntarnos siempre si ese trabajo se corresponde con nuestra vocación. Debemos inspirar nuestra profesión. Esto solo tiene lugar cuando nos sentimos llamados a ella. Por supuesto, no todos los trabajos corresponderán a nuestra vocación más íntima. Y nuestra vocación no se agota tampoco en nuestra profesión.

Quizá me siento llamado como padre o madre, o como amigo o amiga, como persona que da ánimo a los demás para vivir, que trae alegría al mundo. Para comprender mi vocación y encontrar la profesión que le correspondería, es necesario escuchar la historia de nuestra vida, nuestros anhelos y los suaves impulsos de nuestro interior.

Así como Jesús llama a sus discípulos diciéndoles: *Ven y sígueme*, Benito también escribe sobre la llamada de Jesús a nosotros en el Prólogo de la Regla (12-17):

> "Venid, hijos; escuchadme; os instruiré en el temor del Señor. Daos prisa mientras tenéis aún la luz de la vida, antes que os sorprendan las tinieblas de la muerte" (Sal 34,12; Jn 12,35-36). Y, buscándose el Señor un obrero entre la multitud a la que lanza su grito de llamamiento, vuelve a decir: "¿Hay alguien que quiera vivir y desee pasar días prósperos?" (Sal 34,13). Si tú, al oírle, le respondes: "Yo", otra vez te dice Dios: "Si quieres gozar de una vida verdadera y perpetua, guarda tu lengua del mal; tus labios, de la falsedad. Apártate del mal, obra el bien, busca la paz y corre tras ella" (Sal 34,14-15).

A las personas que escuchan su llamada Dios quiere enseñarles, ante todo, el temor de Dios. El temor de Dios no tiene nada que ver con el miedo. Significa estar afectado por Dios, tomar a Dios en serio. A este temor pertenece el deseo de vivir. La llamada que nos llega no quiere sobre exigirnos. Al contrario, quiere despertar en nosotros el gusto por la vida. No consiste en placeres exteriores.

Benito muestra en el versículo del salmo cómo podemos acrecentar el gusto por la vida: evitando el mal y haciendo el bien. Piensa sobre todo en nuestras palabras y conversaciones. Debemos tener cuidado al hablar de los demás. Debemos perseguir la paz en todo. Eso nos lleva al placer de vivir. Y precisamente en esto consiste la vida espiritual: en sentir el placer de vivir. Esto también se aplica al trabajo: debo disfrutar con él. Eso no significa que todo me resulte divertido. Siento placer precisamente cuando intento hacer bien mi trabajo, hablar bien de los otros, y mantener la paz con todos los empleados. El placer en el trabajo se expresa difundiendo alegría a mi alrededor. Pero también es una decisión mía trabajar con gusto. Entonces crece en mí la alegría en el trabajo. Y así la llamada al trabajo es convierte en una llamada al gusto por vivir.

## Reconciliarse con la propia historia

Con frecuencia, las experiencias dolorosas de nuestra niñez nos impiden comprometernos adecuadamente con el trabajo y con las personas que nos rodean. En psicología se dice que todos llevamos dentro un niño divino y un niño herido. El niño herido se hace notar cuando se le vuelve a herir de manera similar. A veces se revuelve en nuestro interior ante palabras o encuentros totalmente inofensivos. Reaccionamos, con tal sensibilidad, que la persona que está enfrente no comprende por qué reaccionamos tan exageradamente. Un ejemplo, Michael. Su mujer ha olvidado comprar su queso favorito. Cuando regresa a casa, le dice Michael a gritos que no se preocupa por él absolutamente nada, que no le toma en serio. La reacción es exagerada.

Cuando Michael se sorprende por su propia reacción violenta se da cuenta que su mujer le recuerda una antigua herida. Él ha tenido siempre la impresión de que su madre nunca le tomó en serio: sus deseos eran poco realistas e infantiles. Ella sabía mejor lo que él necesitaba. Michael no se entendía a sí mismo.

Nosotros a veces reaccionamos también violentamente como Michael a una palabra de un compañero de trabajo o cuando ha olvidado algo. Pensamos enseguida que está contra nosotros. Y cuando con frecuencia reaccionamos con sensibilidad ante los demás, nos retraemos cada vez más. Entonces nuestro trabajo saldrá perjudicado. Y no podemos relacionarnos de manera objetiva con el trabajo y con los compañeros.

El evangelio de san Marcos nos narra el encuentro de Jesús con los niños. Los discípulos quieren evitar que Jesús se ocupe de los niños. Es una pérdida de tiempo. Pero Jesús no se deja convencer por los racionales argumentos de sus discípulos. Algunos adultos reaccionan hoy de la misma manera cuando yo hablo del niño interior. Son de la opinión que deberíamos resolver nuestros problemas de forma racional. Recordar la propia infancia es una pérdida de tiempo. Debemos volvernos al presente y no ahondar en nuestro pasado. Pero nuestro presente se nublará si no nos hacemos conscientes de nuestro pasado. El niño herido de nuestro interior nubla nuestros ojos, de manera que no podemos ver las cosas como son.

Jesús se dirige a los niños: *Tomó los niños en sus brazos y los bendijo imponiéndoles las manos* (Mc 10,16).

Muchos de nosotros conocemos al niño que llevamos dentro y al que no se le ha hecho caso. De niños han sido poco mirados por el padre o por la madre. Vivían en la familia, pero no fueron realmente mirados en su particularidad. Simplemente "corrían con los demás". Pero lo que constituía su singularidad, eso no fue visto. Había otras cosas más importantes para los padres. Ese niño interior, a quien se pasó por alto, interpreta el comportamiento del jefe o de un compañero como si no le vieran y no tuvieran interés por él. Y entonces ese niño se siente herido. Y llora por dentro. Los demás no suelen pasarnos por alto de ninguna manera, aunque nosotros tengamos ese sentimiento. A menudo no podemos saber con objetividad si realmente nos pasan por alto, o simplemente nos lo parece. Cuando el niño herido e ignorado grita o se agita en nuestro interior debemos, como Jesús, dirigirnos a ese niño interior de tres formas:

Lo primero, debemos abrazarlo y dirigirnos a él con amor. No debemos culparlo porque grite. De igual forma que la madre toma en sus brazos al niño que llora, sin regañarlo, así debemos actuar. Entonces, el niño ignorado se tranquiliza. Se siente aceptado.

El segundo paso es: Jesús pone sus manos sobre los niños. Ofrece un refugio en el que el niño se siente protegido. Así debemos nosotros ofrecer al niño herido un espacio en el que esté seguro y protegido de las miradas hirientes que vengan desde fuera.

Y debemos bendecirlo. Bendecir significa en latín y en griego: hablar bien, decir palabras buenas. Debemos hablar bien al niño, decirle: "Sí, te sientes ignorado y eso te hace daño. Pero ahora estoy yo contigo. Te miro. No te olvido. Veo tu dolor. Pero yo veo también tu deseo de ser visto y así ganar reputación. Yo te miro y te invito a que tú te mires ahora a ti mismo. Tú no eres tan solo el niño olvidado. Tú has crecido, mírate ahora".

Los niños o niñas heridos que están continuamente haciéndose notar en el lugar de trabajo son: el niño sobreexigido, el niño minusvalorado y el niño rechazado. Una mujer tenía que cocinar para su familia con solo siete años, porque la madre siempre estaba enferma. Cuando esta mujer trabajó en una empresa tenía siempre miedo a encarar una nueva tarea. Pensaba que no podría con ello. La niña sobreexigida estaba protestando. Y así con frecuencia no se atrevía a aceptar trabajos muy sencillos. Se bloqueó a sí misma. También en este caso estaría bien volverse hacia esa niña sobrecargada, abrazarla con amor y animarla: "Tú has aprendido mucho desde entonces. Vas a hacer bien el trabajo. Y si no lo logras, tampoco importa. Pero inténtalo. Esto te fortalecerá. En el futuro te hará ilusión enfrentarte a algo nuevo".

Muchos tienen la experiencia de no haber cumplido en su niñez con las expectativas de sus padres. El niño minusvalorado siente luego en la escuela que no hace lo suficiente. Y en el trabajo piensa siempre que los demás son mejores, que él no está suficientemente cualificado para la actividad. Personas que llevan en su interior un niño no valorado adecuadamente, se minusvaloran a sí mismas, piensan: "Yo no valgo el dinero que gano. Debería ser mucho mejor". Es nuestro deber tomar en brazos a este niño y decirle: "Entiendo el dolor de que tus padres te hayan transmitido la idea de que tú no eres lo suficientemente bueno. Pero yo estoy a tu lado. Para mí sí lo eres. Es bueno como eres. Tú no tienes que ser el o la mejor. Puedes seguir siendo como eres. Me quedo contigo. Me gusta estar contigo. Eres suficiente para mí".

Si nos dirigimos amorosamente al niño herido que está en nosotros y lo abrazamos, lentamente va tranquilizándose. Ya no se hace notar gritando sino como una emoción sensible. Solo nos recuerda que todavía hay un niño herido en nuestro interior. Nos hace más sensibles a nosotros y a nuestros colegas. Pero ya no impide el estar juntos.

Pero no basta con abrazar al niño herido. Nos tenemos que dirigir también al niño divino de nuestro interior. El niño divino está en el fondo de nuestra alma. Es una imagen de la imagen única que Dios se ha hecho de nosotros. Una imagen de nuestro verdadero yo y de todas las habilidades que Dios nos ha regalado.

Cuando entramos en contacto con el niño divino de nuestro interior, ya no nos llegan las heridas que vengan del exterior, somos libres frente a las expectativas y juicios de los colegas y jefes, somos originales y auténticos. Estamos libres de todas las imágenes extrañas que se nos han impuesto en el curso de nuestras vidas. Y también estamos libres de los autorreproches, con los que algunas personas se autodestruyen y se hacen la vida más difícil. El niño divino nos pone en armonía con nosotros mismos, crea en nosotros paz, libertad, espacio y vida. Y es una fuente de amor en nosotros, que no se seca incluso si no experimentamos tanto amor desde fuera.

En la época de san Benito no se ponían en relación los problemas de las personas con las heridas de su infancia. Se enfrentaba uno a los problemas del momento. Pero también entonces se hacía evidente que había personas que difícilmente podían encajar en la comunidad. Benito no reaccionaba ante estas personas moralizando sino con la comprensión de un médico. E indica al abad que se acerque a ellos como un médico. Sabe que nadie es difícil por propio capricho, sino siempre por causa de una angustia interna. Dice san Benito en la Regla (27,1-4):

> *El abad se preocupará con toda solicitud de los hermanos culpables, porque "no necesitan médico los sanos, sino los enfermos". Por tanto, como un médico perspicaz, recurrirá a todos los medios; como quien aplica cataplasmas, esto es, enviándole monjes ancianos y prudentes, quienes como a escondidas consuelen al hermano vacilante y le muevan a una humilde satisfacción, animándole "para que la excesiva tristeza no le haga naufragar", sino que, como dice también el Apóstol, "la caridad se intensifique"* (2 Cor 2,8) *y oren todos por él.*

Lo que dice del abad y de los monjes mayores, que deben tratar como un médico al hermano enfermo, lo podemos entender también desde un punto de vista personal. El abad, el hombre sabio dentro de nosotros, debe cuidar con amor a nuestro niño herido. Nuestro auténtico yo debe entrar en conversación con ese niño, para consolarlo. La palabra latina para consolar es *consolari*. Significa que la persona maternal o paternal que hay en nuestro interior debe entrar amorosamente en la soledad del niño herido, hablar con él, consolarlo y fortalecerlo. El objetivo de este fortalecimiento es que no nos hundamos en la tristeza y solo nos quejemos de que hayamos sido tan heridos. Más bien se trata de hacer más fuerte el amor en nosotros. En la medida en que nos volvamos con cariño hacia nuestro niño herido, se fortalece en nosotros el amor. Entramos en contacto con el amor, que es lo que anhela ese niño. Y ese amor fortalece al niño herido y lo sana. No estamos pues expuestos sin más a las heridas de nuestra infancia. Nosotros podemos responder a ellas con amor y transformarlas en pasarelas del amor.

## LAS BIENAVENTURANZAS COMO PRESUPUESTO DEL TRABAJO

San Benito recomienda encarecidamente al mayordomo, el director económico del monasterio, que primero se trabaje a sí mismo. Debía entrenarse en actitudes que le permitieran hacer un buen trabajo. Estas actitudes son útiles para cualquier empleado. Por una parte está la sabiduría. Quien trabaja con otros debe ser capaz de aceptarse y gustarse a sí mismo. Solo entonces tendrá un buen sabor para los demás. No debe estar inquieto ni correr de un lado a otro sin objetivo fijo. La voz alemana *hetzen* (apresurarse, correr) proviene de *hassen* (odiar). *Hetzen* significa empujar a alguien a trabajar cada vez más. Muchos se meten prisa a sí mismos en el trabajo. Se impulsan continuamente a trabajar más y más deprisa. El que trabaja así, se odia a sí mismo. Y él crea a su alrededor una atmósfera de agresividad. Y odia también a las personas que trabajan con él.

Benito habla además de otras dos actitudes negativas que no debe tener el mayordomo. No debe ser hiriente y no debe ser lento. Algunos se lastiman a sí mismos en el trabajo. Trabajan demasiado. Se sobreexigen en el trabajo. Y naturalmente, con frecuencia lastiman también a sus compañeros. Los tratan con dureza y los critican constantemente. Es una ley psicológica fundamental: transmitimos a los demás las heridas con las que no nos hemos reconciliado. O nos lastimamos a nosotros mismos o lastimamos a otros. Por ello, es parte de la preparación para el trabajo, el reconciliarnos con la historia de nuestra vida. Solo entonces crearemos a nuestro alrededor una atmósfera sanadora.

Y no debemos ser lentos. Esto puede sonar extraño en un mundo en aceleración constante. Muchos autores espirituales exigen desaceleración, ralentización en la vida. Hay que tener en cuenta que también hay una lentitud en el trabajo que indica problemas internos. Algunas personas son lentas en el trabajo porque desperdician demasiada energía para sí mismos. Dan vueltas una y otra vez a la cuestión de si son bastante apreciados, si todo lo hacen bien. No se meten en el trabajo, sino que se observan continuamente a sí mismos mientras trabajan. Esta introspección los hace lentos y les roba la energía que necesitan para trabajar. Benito insta al mayordomo a no proceder con lentitud. Si se involucra en el trabajo sin estar pensando continuamente cómo los demás juzgan su trabajo, irá más rápido. No está agitado, pero el trabajo avanza rápidamente porque no está bloqueado por obstáculos internos.

Una y otra vez la Biblia describe las actitudes que necesitamos para que nuestra vida tenga éxito. Pablo enumera a veces catálogos de virtudes y nos muestra qué virtudes nos permiten hacer bien nuestro trabajo en el mundo. Sin embargo, no deseo ahora explicar estos listados de virtudes sino describir ocho actitudes que Jesús nos presenta en las Bienaventuranzas.

Las explico en relación con el trabajo y las describo como actitudes que nos ayudan a realizar nuestro trabajo. Comienza con la pobreza. Se trata de la libertad interior. Esta libertad interior no solo se aplica al manejo del dinero sino también al trabajo. Me involucro por completo en el trabajo. Pero no estoy atado a él. Permanezco movible. Puedo también aceptar otro trabajo.

La segunda actitud es el duelo. Esto al principio puede parecer extraño. Con ello me refiero a lamentarme de mi propia medianía y de las oportunidades perdidas en mi vida. En el trabajo siempre nos enfrentamos con nuestras propias limitaciones. No somos los trabajadores ideales. Y tampoco la empresa es la empresa ideal. Pronto experimentaremos sus debilidades. Si no somos conscientes de esto, pronto comenzaremos a criticar o a pensar que tendríamos que cambiar de empresa de inmediato. O bien, lamentamos la situación en la empresa, pero reconocemos que, a pesar de las debilidades que tiene, ofrece un espacio en el que nos podemos desarrollar y ayudar a los demás. No debemos decepcionarnos cuando alcancemos nuestros propios límites. Lamentamos nuestra limitación, nos despedimos de las ilusiones que nos habíamos hecho de nosotros mismos. Esto nos permite involucrarnos plenamente en el trabajo que actualmente tenemos encomendado.

La tercera actitud es la no violencia o la mansedumbre. Renunciamos a ejercer violencia contra nosotros mismos o contra los demás. Hay empleados que tratan las cosas violentamente, sus herramientas, su coche, a sí mismos y a sus colegas. No violento también puede significar manso. Manso (*sanft*) viene de coleccionar (*sammeln*). Manso es quien tiene el coraje de reunir-coleccionar todo lo que percibe en sí mismo. Muchos van a trabajar trayendo solamente una parte de su persona, por ejemplo, solo el lado intelectual. Pero cuando alguien se reduce a un área, no podemos encontrarnos con toda la persona. Podemos encontrar su cabeza o su competencia, pero no a la persona. El trabajo, sin embargo, tiene éxito cuando estamos presentes en él como personas. Solo entonces puede fructificar la unión con los demás. Porque con personas reducidas a la mitad no se puede ni vivir ni trabajar.

La cuarta actitud es la justicia. Debemos tener hambre y sed de justicia. Nos debemos tratar con justicia a nosotros mismos y a nuestros colegas. Si los tratamos injustamente surgen los roces. Entonces todos luchan contra todos. Pero la Biblia nos dice: el que siembre justicia, cosechará paz. En un ambiente injusto se producen peleas y pequeñas batallas. Y se pierde mucha energía con estos juegos injustos. Esperamos justicia del personal directivo. Pero nosotros también debemos luchar por ella. Debemos ser justos con nosotros mismos, con los demás empleados y también con los clientes, para estar a la altura de su dignidad.

La misericordia parece ser una actitud que no encaja en el duro mundo del trabajo. Pero la misericordia no significa conformidad. Más bien la esencia misma de la misericordia está en que no califica ni juzga. Primero debo ser misericordioso conmigo mismo, de forma que no esté continuamente martirizándome o condenándome. Entonces también trataré a mis colegas con misericordia. Les abriré mi corazón. Para trabajar bien se necesita un ambiente cálido. En un clima sin corazón el trabajo no tendrá éxito. Cuando los corazones de los compañeros están abiertos unos para otros, surge una conexión interna. Y la unión promueve el gusto en el trabajo. Es la condición para que puedan trabajar con gusto unos con otros.

Cuando Jesús llama bienaventurados a los que tienen un corazón puro se refiere a las personas que no tienen propósitos ocultos. Son claros y verdaderos. Lo que piensan, lo dicen. Se encuentran con una persona y no tienen segundas intenciones. Estas personas, con un corazón puro, hacen mucho bien a la empresa. Y nos hacen bien a todos. El corazón puro se ejercita en una mirada que reconoce en los demás lo bueno y lo bello. Estos ojos puros nos permiten descubrir lo bueno y lo bello en nosotros mismos y creer en ello. Por el contrario, defendámonos de los ojos codiciosos, de ojos que acaparan, condenan y critican. Porque ante tales miradas no nos sentimos cómodos. El corazón puro también se manifiesta en un lenguaje puro. Si nuestro discurso no tiene segundas intenciones, si nosotros, con nuestras palabras, no queremos situarnos en el centro de la conversación y presentarnos mejor de lo que somos, sino que decimos sencillamente las cosas que hay que decir, eso creará una atmósfera limpia en el centro de trabajo. Si nuestro hablar, por el contrario, está nublado por agresiones y desilusiones, ejercemos una contaminación emocional.

La siguiente bienaventuranza se refiere a los constructores de la paz. Quien en una empresa activa la discordia, daña todo el ambiente de trabajo. Queremos trabajar en paz con nosotros mismos. Esto solamente ocurre cuando estamos reconciliados con nosotros mismos. Pero también deberíamos crear paz en nuestro entorno. La paz no surge reprimiendo o saltándose el conflicto. La palabra griega para paz, *eirene*, significa armonía. Procede de la música. La paz en el lugar de trabajo se crea cuando todas las personas se unen con sus sonidos particulares, cuando cada una puede ser totalmente ella misma y sin embargo está abierta a un concierto con muchos tonos. Exige respeto por la alteridad del otro. La palabra latina *pax* tiene como trasfondo la conversación. Los romanos estaban convencidos de que la paz solo puede lograrse a través del diálogo. En él deben aflorar las diferentes opiniones. Si uno no habla en contra del otro, si no quiere convencerlo, sino que habla con él y entablan un diálogo, entonces surge la paz, surgen soluciones y caminos, que significan paz para todos.

 

La última bienaventuranza parece ser a primera vista una exigencia excesiva: *Bienaventurados los perseguidos por la justicia* (Mt 5,10).

Pero nos muestra una forma de manejar situaciones difíciles, por ejemplo, el acoso laboral (*mobbing*), el rechazo o el trato injusto. Gregorio de Nisa interpreta esta bienaventuranza desde el deporte: si quiero correr mil metros necesito otros que corran conmigo. Si me siguen bien, si me persiguen correré más rápido. Esta experiencia la traslada Gregorio a nuestra vida. Incluso en el caso de que nos persigan malas personas, no nos pueden hacer daño. Solamente nos obligan a correr más rápido hacia Dios. En términos del mundo del trabajo significa que, si mis colegas o jefes trabajan en mi contra, si me quieren hacer daño, no tendrán poder sobre mí si me dejo estimular empujar por ellos para correr hacia Dios. También lo puedo expresar de manera más mundana: cuando me dejo empujar por las intrigas de los demás, seré cada vez más yo mismo, alcanzaré mi propio fundamento, el espacio del silencio, aquel en el que las palabras hirientes y ofensivas de los demás no tienen entrada. En este caso, la persecución se puede convertir en una oportunidad para madurar internamente y comenzar un camino hacia la libertad interior.

Las ocho Bienaventuranzas nos muestran ocho actitudes que nos ayudan, si las practicamos, a hacer frente al trabajo. Estas ocho actitudes ya están en nosotros. No tenemos que crearlas artificialmente. Pero es tarea nuestra reavivarlas. Al meditar estas actitudes nos ponemos en contacto con ellas, entrarán en nuestra consciencia y darán forma a nuestras acciones. Y nos permitirán vivir bien incluso en un mundo de áspero trabajo. Jesús no nos ha prometido en las Bienaventuranzas un mundo perfecto. Más bien, Él nos ha mostrado un camino para que nuestra vida tenga éxito en medio de la realidad de ese mundo. También es una forma de que tengamos éxito en nuestro trabajo.

## Trabajar desde la confianza, no desde el temor

Una actitud esencial que debemos aprender para trabajar bien es la confianza. Hay personas que tienen que controlar todo lo que hacen. Necesitan controlar sus sentimientos por miedo a que los demás puedan descubrir sus debilidades o su sensibilidad. También es aconsejable, por lo que respecta a nuestra actividad, examinar si nos inclinamos a controlar todo y por puro miedo nos retiramos antes de intentar algo.

Jesús habla del tema del miedo y del control en la parábola de los talentos. Un hombre confía su fortuna a sus sirvientes antes de salir de viaje. Los dos primeros criados trabajan con los talentos que han recibido. En aquel tiempo un talento era mucho dinero. Los dos primeros trabajan con ello, se arriesgan. Y cada uno de ellos gana la misma cantidad que les fue confiada. El tercer sirviente entierra su talento. Tiene miedo de perder algo de dinero. De ninguna manera quiere cometer un error. Él controla el dinero enterrándolo. Pero este deseo de seguridad no le conduce al éxito. Al contrario: el señor lo trata a su vuelta sin miramientos. Y le dice:

> *Siervo malo y perezoso, sabías que yo cosecho donde no sembré y recojo donde no esparcí. Debías, pues, haber entregado mi dinero a los banqueros, y así, al volver yo, habría cobrado lo mío con intereses. Quitadle, por tanto, su talento y dádselo al que tiene diez talentos* (Mc 25, 26-28).

Estas palabras nos suenan a nosotros muy fuertes. Pero Jesús quiere mostrarnos con esta parábola que el miedo, el control y los deseos de seguridad conducen al desastre. Hay un refrán que dice: "A quien quiere controlar todo, se le va todo fuera de control". Con estas duras palabras Jesús quiere invitarnos a decirle adiós al deseo de control absoluto, que conduce a la autodestrucción y, en su lugar, seguir el camino de la confianza. Cuando nos aventuramos en el mundo del trabajo, necesitamos confianza para manejarnos con los dones que Dios nos ha dado y ponerlos en movimiento.

Puede ser que cometamos errores, que algunas cosas fallen. Pero eso es, en todo caso, mejor que no pelear en absoluto y enterrar el talento por miedo a que pudiera sufrir un rasguño. Si trabajamos con ansiedad y estamos fijados en lo que los demás piensan de nosotros, o en que podrían descubrir un error, nuestro trabajo no puede traer bendiciones. Nos estamos enterrando a nosotros mismos. Nos desperdiciamos. Debemos atrevernos a trabajar confiados. Hacer algo supone siempre confianza. Y solo puedo confiar si yo me confieso a mí mismo que también puedo perder. Quien no quiere perder, tampoco ganará nada. Así nos muestra Jesús las condiciones para tener éxito en el trabajo.

Por supuesto no todos tienen una confianza total al pensar en su nuevo trabajo. Conocemos también el miedo. Debemos reconocer el miedo en nosotros. Pero la parábola de Jesús quiere darnos ánimo para que, aunque notemos el miedo, no nos dejemos determinar por él, sino que vayamos más allá de él, a la confianza. Cuanto más pasemos del miedo a la confianza, más fuerte será la confianza y más alegría nos dará nuestro trabajo.

Benito exige la confianza, no solo a los monjes, sino sobre todo al abad. Le advierte: *No sea agitado ni inquieto, no sea inmoderado ni terco, no sea envidioso ni suspicaz, porque nunca estará en paz* (Regla de san Benito 64,16).

El tercer sirviente enterró su talento por miedo y porque estaba celoso de los otros dos siervos que habían recibido más que él. Tiene una mentalidad estrecha y no reacciona de modo creativo frente a su situación, sino –como dice la palabra latina *obstinatus*– testarudo, endurecido y obstinado. Con esta obstinación y terquedad nunca descansamos. Solo la amplitud de miras y la confianza nos permiten trabajar con serenidad interior, como Pablo exhorta a sus cristianos (2 Tes 3,12).

## Ver sentido al trabajo

Un requisito previo esencial para que trabajemos bien y felices en nuestra profesión, para que esta nos llene, es la significatividad de nuestro trabajo. Solo si vemos sentido a nuestro trabajo tendremos suficiente motivación interior para superar situaciones difíciles. No se trata solamente de reconocer un sentido a nuestra actividad concreta, sino en general, de vivir el trabajo como algo lleno de sentido. Hay personas que desde un punto de vista económico se podrían permitir no trabajar. Pero si renuncian al trabajo, su vida pierde también su sentido. Tiene sentido que el ser humano trabaje. Nos lo dice la Biblia ya al principio, cuando nos habla de la creación.

En el Antiguo Testamento encontramos dos relatos de la creación. En el más antiguo (Gn 2,4-25) Dios coloca al ser humano en el jardín del Edén para que lo labre, lo cultive y lo proteja. El ser humano tiene, por tanto, una responsabilidad sobre la creación. Debe tratarla con atención y cuidado, y a la vez continuar el trabajo del Creador. En este relato, el trabajo no tiene carácter agresivo. Al contrario, consiste en cultivar la tierra que Dios creó y dotó de fertilidad. El trabajo no solo sirve a la tierra y a su fertilidad. Más bien sirve a Dios mismo. El ser humano completa el trabajo de Dios. Y el trabajo se realiza en armonía con Dios. El ser humano no compite con Dios, sino que sirve a Dios a través de su trabajo.

En el relato de la creación posterior en el tiempo (Gn 1,1-2,4) hay una expresión, que a veces se ha entendido mal en la tradición cristiana, como dominio del ser humano sobre la naturaleza:

*Dios los bendijo y le dijo: "Sed fecundos y multiplicaos y henchid la tierra y sometedla; mandad en los peces del mar y en las aves de los cielos y en todo animal que serpea sobre la tierra"* (Gn 1,28).

Pero estas palabras no son una legitimación para la explotación de la naturaleza. Se trata más bien de que el ser humano, mediante su trabajo, pase la bendición de Dios al resto de la Creación.

Otro aspecto es importante para mí en este relato de la Creación. Después que Dios creara todo el texto prosigue: *Vio Dios cuanto había hecho, y todo estaba muy bien* (Gn 1,31).

Los griegos traducen la palabra griega *tov* por *kalós*, que significa bello. O sea, que Dios miró todo y lo encontró muy bello. En esto consiste la dignidad del trabajo humano, en que el ser humano puede hacer más bella la vida, en que puede fabricar cosas hermosas y de esa manera puede disfrutar con lo que ha hecho. Y luego dice: *Y Dios en el séptimo día dio por concluida la labor que había hecho, y descansó en el día séptimo de toda la labor que había hecho* (Gn 2,2).

Descansar también es parte del trabajo. Solo se completa la obra, a través del descanso, que sigue al trabajo. Este es hoy un mensaje importante para nosotros. Muchas personas no saben disfrutar de lo que han trabajado y creado. Tienen que seguir de inmediato. Así, la obra que han creado, es una obra incompleta. Nuestro trabajo llega a la perfección cuando nosotros descansamos como Dios de la obra de nuestras manos, y con Él sabemos mirar a aquello que hemos hecho. Muchos no tienen ni siquiera tiempo de contemplar lo que han estado trabajando, pero entonces su trabajo está incompleto, porque descansar y contemplar lo realizado y el sentimiento de agradecimiento y alegría de que todo lo que hemos hecho, sea bueno y bello, pertenecen a la esencia del trabajo. Quien se olvida de esto, precisamente por trabajar a destajo, nunca podrá disfrutar del trabajo. Para él será más bien trabajo de esclavos. El trabajo creador requiere descansar del trabajo y contemplar aquello que hemos realizado. Solo entonces hemos completado nuestra obra. Al reflexionar sentimos que valió la pena trabajar: hemos trabajado para Dios y para los demás. Y es bueno y bello lo que hemos realizado.

Después de la expulsión del paraíso el trabajo adquiere un carácter diferente. Ahora se convierte en algo que produce fatiga: *Comerás tu pan con el sudor de tu frente* (Gn 3,19). El ser humano tiene la obligación de trabajar. Tiene que ganarse la vida. Quien no se esfuerza y no toma las medidas necesarias de manera razonable, se daña a sí mismo y a su familia. Por eso, en los proverbios que recopila el Antiguo Testamento, se critica continuamente a la persona perezosa. Sin embargo, las personas no deben acumular riquezas ni poner en ellas su confianza. El Antiguo Testamento parte del trabajo agrícola, pero habla también del trabajo del empleado en la administración, del escriba y del maestro. Tanto el Antiguo como el Nuevo Testamento no comparten la minusvaloración del trabajo corporal como era habitual en los entornos griego y romano. La artesanía era mucho más apreciada.

Una mirada a la Biblia nos muestra, por tanto, que el trabajo tiene sentido. Tomamos parte en la obra creadora de Dios. Nuestro trabajo tiene el sentido de hacer este mundo más habitable, conservar y cuidar el jardín de este mundo, para que los seres humanos que viven en él, se alegren con ellos y puedan disfrutar su belleza. Y, por supuesto, también se trata de ganarse el sustento. Esto requiere con frecuencia esfuerzo y fatiga. Pero también nos produce libertad interior. Podemos ganarnos la vida y no dependemos de la caridad de los benefactores. Benito añade además otro sentido al trabajo: el trabajo se hace para los demás. Es un servicio a los demás. Y es una tarea espiritual. A través del trabajo podemos crecer espiritualmente. El trabajo es el lugar en el que aprendemos actitudes como la humildad, la entrega, el amor, la misericordia y la compasión con las demás personas.

El significado que Benito da al trabajo se hace evidente en sus instrucciones para el servicio semanal en la cocina:

> *Los hermanos han de servirse mutuamente, y nadie quedará dispensado del servicio de la cocina, a no ser por causa de enfermedad o por otra ocupación de mayor interés, porque con ello se consigue una mayor recompensa y caridad.*
>
> (Regla de san Benito 35,1ss)

Para Benito, el sentido del trabajo se encuentra en el servicio. Servir no significa humillarse, sino despertar la vida en los otros. Benito habla aquí del servicio de la mesa. El que sirve la mesa se cuida de que los monjes coman tranquilos y en paz, y que les resulte sabroso, para que sientan placer en el vivir. Además, el trabajo como servicio no solamente hace bien a las personas a las que servimos, y en las que suscitamos la vida. Nos hace bien a nosotros mismos. Benito habla de la recompensa que el trabajo trae consigo. Nosotros estamos felices cuando, a través de nuestro trabajo, conseguimos despertar vida en los demás, darles alegría con nuestro trabajo.

El verdadero significado del trabajo para Benito, sin embargo, es que el trabajo hace crecer el amor en nosotros. Esta afirmación parece bastante ajena a nuestro mundo de trabajo, tan duro a veces. Sin embargo, cuando servimos en nuestro trabajo a otras personas, crece en nosotros el amor por los demás. Y contribuimos con ello a que también crezca el amor en las personas para las que trabajamos. Y en un ambiente de amor es más fácil trabajar. Esto también lo confirman las investigaciones actuales sobre el cerebro: una atmósfera amable crea un clima en el que el cerebro produce nuevas conexiones y así permite soluciones creativas. En un ambiente amable el trabajo pierde su carácter opresivo y se vuelve más fácil. Se realiza por amor y fortalece el amor en nosotros. Y en este amor florecemos cada vez más.

## El perfeccionismo y el síndrome del "quemado"

Muchas personas llegan hoy al agotamiento, se sienten "quemados". Esto tiene muchas causas. Existen condiciones de trabajo que llevan a "quemarse" como las estructuras injustas, demasiado trabajo, falta de reconocimiento por el personal directivo, trabajo sin sentido, conflictos con los colegas, *mobbing*. Pero también hay causas internas. Una de ellas es el perfeccionismo. No se quiere cometer ningún error. Te pones a ti mismo bajo presión para estar bien con los demás, para que no haya ningún punto débil. A esta presión interna se agrega luego la externa. Entonces te sientes, de alguna manera, exprimido.

Jesús nos relata una parábola en la que nos invita a despedirnos de nuestro perfeccionismo. Es la parábola del trigo y la cizaña. Un hombre sembró buena semilla en su campo. Pero después de algún tiempo se vio que junto al trigo crecía la cizaña. Los sirvientes fueron donde su señor y le preguntaron si debían arrancar la cizaña. Pero el señor respondió: *No, no sea que, al recoger la cizaña, arranquéis a la vez el trigo. Dejad que ambos crezcan juntos hasta la siega* (Mt 13,29ss).

La cizaña está unida en las raíces a las del trigo. Si arrancas las malas hierbas, también arrancarías el trigo. Y entonces no crecería nada. No debemos dejar que las malas hierbas proliferen, por ello, debemos recortarlas, pero no podemos arrancarlas de raíz.

Esta imagen también es válida para nuestro trabajo. Por supuesto que debemos esforzarnos para cometer la menor cantidad de errores posible. Pero cualquiera que gasta sus energías en no cometer absolutamente ningún error y en hacer todo bien, desperdicia su energía. Con frecuencia no tiene luego energía para crear algo bueno. Por pura fijación en la impecabilidad, no puede salir de ahí. Ahí no crece trigo que alimente a los demás.

Cuando una persona gira en torno a su propio perfeccionismo tiene siempre miedo de que los otros puedan descubrir también su lado imperfecto. Y ese miedo lo paraliza. Está tan ensimismado en hacer correctamente todo en cada trabajo, que apenas puede avanzar. Si, en cambio, realizas tu trabajo serenamente, ahí puede crecer algo. De ahí sale algo. Esa persona hace con gusto su trabajo y este es fructífero para los demás y, además, no es tan agotador para él. Aquel que siempre está pensando en sus errores, pierde mucha energía.

Detrás del perfeccionismo se ocultan diferentes necesidades. Está, por una parte, la necesidad de hacer todo bien. Esto es correcto, pero depende de la medida. Otra necesidad es desear ser reconocido por todos. También este deseo es comprensible. Pero cuando pienso en ello como objetivo final, veo que no es realista. Mi trabajo no puede ser reconocido por todo el mundo. No puedo ser querido por todos. De esta forma el perfeccionismo es una invitación a estar conmigo mismo, a aceptarme a mí mismo, en lugar de esperar el reconocimiento de los demás. Y el motivo final que se esconde tras el perfeccionismo es el temor de no ser suficientemente bueno, no ser digno de hacer ese trabajo. Tengo miedo de mí mismo, miedo a no haber ganado ese puesto en el que estoy. Entonces el perfeccionismo sería la invitación a confesarme a mí mismo que yo realizo ese trabajo lo mejor que puedo. Pero no se trata de si lo merezco o si soy suficientemente bueno. Yo estoy sencillamente ahí y hago mi trabajo. Y confío en que mi trabajo está bien y trae bendiciones.

Benito no busca en sus monjes el perfeccionismo. Sabe de sus debilidades. Habla del cuidado con el que los monjes deben realizar su trabajo y usar las herramientas para llevarlo a cabo. El perfeccionismo se transforma en cuidado:

> El que va a terminar su turno de semana hará la limpieza el sábado. Se lavarán los paños con los que se secan los hermanos las manos y los pies. Lavarán también los pies de todos, no sólo el que termina su turno, sino también el que lo comienza. Devolverá al mayordomo, limpios y en buen estado, los enseres que ha usado. El mayordomo, a su vez, los entregará al que entra en el turno, para que sepa lo que entrega y lo que recibe.
>
> (Regla de san Benito 35,7-11)

Benito concede importancia al manejo cuidadoso de las cosas. Este cuidado se refiere a las toallas y a las herramientas. Es interesante que Benito, al escribir sobre cómo lavar las toallas y devolver limpio el equipo, haga un inciso para notar el lavar los pies a los hermanos. El lavado de los pies recuerda al lavatorio de los pies que Jesús hizo a sus discípulos antes de la Pasión. Es un servicio de amor, que no solo limpia los pies, sino que también debe curar las heridas. El manejo cuidadoso de las cosas continúa con lo que sucede en el lavado de los pies: sirvo a los hermanos cuidando las cosas.

Yo toco los pies de los hermanos amorosamente, pero exactamente igual de amoroso y consciente ha de ser mi trato con las herramientas y las cosas de la Creación. Cuando el perfeccionismo se transforma en atención y cuidado, se convierte en una buena fuente para nuestro trabajo.

La perseverancia y la disciplina son actitudes absolutamente necesarias en el trabajo. Hoy no es fácil ser disciplinado en el trabajo. Demasiados factores perturbadores nos distraen. Navegar continuamente por Internet, tener que estar siempre en línea, mirar constantemente la Tableta por si ha entrado alguna noticia nueva, todo esto nos distrae y nos impide centrarnos en lo que estamos haciendo. La dispersión es lo opuesto a la disciplina. Cuando estamos dispersos, estamos en todas partes y en ninguna correctamente. La disciplina reúne todas nuestras fuerzas en lo que en ese momento estamos haciendo.

Otra tendencia contradice hoy a la virtud de la disciplina: a uno le gustaría divertirse en el trabajo. Nos debería gustar. Esto ciertamente corresponde al trabajo. Pero sin disciplina, tampoco el trabajo nos produce alegría. Hildegarda de Bingen escribió una vez que la disciplina es el arte de poder alegrarse siempre. La palabra disciplina proviene de *hiperere*, que significa tomar la propia vida en las manos. Yo no soy esclavo de mis necesidades. No permito fácilmente que me desvíen pues si no seré una víctima de las circunstancias. Más bien tomo mi vida en las manos y le doy forma. Pero al diseñar hay que tener límites. No puedo hacerlo sin medida. Necesita una forma buena. Y para que se cree una forma, muchas cosas deben ser eliminadas. Si yo siento que vivo por mí mismo y no soy vivido por otros, nace en mí una alegría interior. Pero si trabajo sin disciplina me disgustaré constantemente por haber chanchulleado esto o aquello, o por no hacer correctamente algunas cosas.

La palabra griega para perseverancia es *hypomoné* que significa algo así como resistencia y paciencia. La paciencia, sin embargo, no es pasiva. Más bien significa resistencia activa y aguante para soportar algo. En el evangelio de Lucas, dice Jesús: *Con vuestra perseverancia salvaréis vuestras vidas* (Lc 21,19).

En griego dice "vuestras almas". Quien muestra perseverancia y resiste las tribulaciones, ese gana su alma, entra en contacto con ella, su alma se hace fuerte. Quien se rinde, quien necesita satisfacer cada necesidad de inmediato, su alma perderá elasticidad.

A esta perseverancia le corresponde también el saber esperar. Esto es lo que Jesús expresó en la preciosa parábola de la semilla que crece:

> *El Reino de Dios es como un hombre que echa el grano en la tierra; duerma o se levante, de noche o de día, el grano brota y crece, sin que él sepa cómo. La tierra da el fruto por sí misma; primero hierba, luego espiga, después trigo abundante en la espiga* (Mc 4,26-28).

Hoy renunciamos a la capacidad de saber esperar. Las empresas quieren mejoras rápidas y éxitos. Hacemos una evaluación trimestral para comprobar si nuestras medidas correctivas han sido acertadas. Pero esto es con frecuencia un éxito a muy corto plazo. Y nos pone en una tensión enfermiza. Tiene más sentido esperar sencillamente a que lo que hemos sembrado dé fruto. Pero el fruto no puedo observarlo diariamente. En primer lugar, tengo que dejar la semilla en el campo y confiar que algo crezca de forma invisible y luego se abra para todos. Esta cualidad de la espera y de la perseverancia haría mucho bien hoy a nuestros negocios. Porque los retoques impacientes a las estructuras y a las personas solamente las lastima y las abruma.

San Benito habla a menudo en su Regla de la disciplina. Por un lado, significa el claro ordenamiento que el abad da a la comunidad y que todos los monjes deben respetar. Por otro lado, describe con ella la capacidad de poner en orden la propia vida. Así le recuerda al abad que con su ejemplo debe mostrar que toma en serio los mandamientos de Dios. De lo contrario tendría que escuchar la amonestación: *¿Por qué recitas mis preceptos y tienes siempre en lo boca mi alianza, tú que detestas mi corrección y te echas, a lo espalda mis mandatos?* (Regla de san Benito 2,14, cita el Sal 50,16ss).

Especialmente a los niños que son educados en el monasterio se les debe enseñar disciplina. Benito pide a sus monjes: *Pero los niños, hasta la edad de quince años, estarán sometidos a una disciplina más minuciosa y vigilada por parte de todos, aunque con mucha mesura y discreción* (Regla de san Benito 70,4-5).

El texto latino habla aquí de *disciplinae diligentia*, es decir, amor a la disciplina. En los jóvenes, por tanto, debe despertarse el amor a la disciplina. Esto hoy nos suena extraño. ¿Cómo se puede amar la disciplina? Sin embargo, quien ordena su vida tanto interior como exteriormente, disfruta su vida. Para él la disciplina no es algo duro, que le es exigido. Más bien él sabe que la disciplina es buena para él. Y así, la ama cada vez más. Esto lo experimento yo también en mi vida como monje. Por una parte, la disciplina me parece a veces algo impuesto. Pero, por otro lado, siento que me hace bien. Y así, me gusta el orden monástico del día y la disciplina que la vida en el monasterio me exige. La disciplina pone en orden mi interior. Porque yo sé que no solo hay orden en mí, sino que en mí también reina el caos. La disciplina estructura ese caos para que no me desgarre, sino que cree una tensión creativa.

# Relaciones

## Relacionarse con la presión y el acoso laboral (*mobbing*)

Una amarga experiencia que hacen hoy muchas personas en su lugar de trabajo es el acoso laboral. Los colegas están en mi contra. Me separan y me excluyen de su comunidad. Quieren hacerme daño dándome el trabajo más duro. Me dejan mal ante el jefe. No me saludan por la mañana cuando llego a la oficina.

Duele ser víctima de acoso laboral. Una historia bíblica nos muestra cómo, a pesar del acoso, podemos mantener nuestra dignidad y transformar la difícil situación en bendición. Es la historia de José.

Él se convirtió en víctima del acoso de sus hermanos. Lo odiaban por ser el hijo favorito de su padre. Algunos de ellos querían matarlo. Pero Judá pudo evitar el asesinato de su hermano. El único camino que tenía era vender a José como esclavo a los comerciantes madianitas. Pero la Biblia cuenta que Dios estaba con José. José fue muy querido por su jefe egipcio. Y él cuidaba de que en la casa de su señor todo funcionara. Esta fue la primera transformación de un acoso en bendición. José no se sintió como una víctima, hizo el trabajo que le encomendaron lo mejor que pudo y así se convirtió en una bendición. Pero entonces, la esposa de su amo puso sus ojos en él y quiso acostarse con él. Él la rechazaba repetidamente, porque era fiel a su señor. Sin embargo, un día que no había nadie en casa, lo agarró del manto y lo obligó a acostarse con ella. Pero José consiguió escapar, dejando su manto entre sus manos. La mujer afirmó que el esclavo judío la había forzado y quería acostarse con ella. El amo de José se enojó y lo envió a la cárcel. Se vio envuelto en una nueva situación de acoso. Pero José transformó otra vez la situación. Se ganó la buena voluntad del encargado de la prisión, que le dio muchas tareas. Y continuamente se decía: *Yahvé lo asistía y hacía prosperar todas sus empresas* (Gn 39,23).

También envió el faraón a la cárcel al siervo que preparaba sus bebidas y a su panadero. José los servía. Una noche tuvieron los dos un sueño y José se lo interpretó. La realidad demostró que José había interpretado correctamente los sueños. Sucedió como él había pronosticado. El mayordomo de las bebidas fue reincorporado a su puesto, el panadero sin embargo fue ahorcado. Entonces tuvo el faraón un sueño y nadie sabía decirle su significado. El mayordomo se acordó de José y aconsejó al Faraón que lo llamara. José interpretó el sueño del Faraón y quedó tan cautivado que hizo de José su representante. Le encargó construir, según su sueño, graneros para almacenar la rica cosecha que se esperaba y conservarlo para los años de hambruna. De esta forma Dios volvió a transformar la situación de acoso. O, también se puede decir, José no agacha la cabeza cuando se le hace injusticia. Simplemente sigue su camino y es amable con la gente. Y tiene éxito en todo a la vez. Convierte su situación de acoso en una situación de bendición.

Esto sería también un desafío para nosotros. El acoso siempre hace daño. Pero no debo dar poder a la persona que me acosa, sino mantenerme consecuente con lo que debo hacer.

Y debo hacer mi tarea bien y cuidadosamente. Y luego puedo confiar en que Dios bendecirá el trabajo de mis manos, y que las personas que están en mi contra acabarán alguna vez de intrigar contra mí. Si me dejo llevar por su acoso y me siento víctima, continuarán en su empeño. Sienten que con su juego me están haciendo algo. Pero si yo, en cambio, solamente observo lo que hacen, sin dejarme determinar o influenciar por ellos, llegará a ser muy aburrido para ellos seguir con su juego. Porque si yo no juego, el juego pierde su significado. Y los otros quizá reconozcan en algún momento que yo sigo mi camino y que ese camino es bendecido por Dios.

No solamente hay acoso en el trabajo, sino que en ocasiones hay empleados o jefes difíciles. Puedo lamentarme de tener un jefe o un colega complicado. Entonces me siento una víctima y no me va bien. Voy cada día a trabajar a disgusto, y el trabajo me cansa. Jesús nos muestra con una palabra cómo podemos manejar esta situación de manera creativa. En el Sermón del Monte dice: *Y al que te obligue a andar una milla vete con él dos* (Mt 5,41).

La palabra de Jesús se hace comprensible por la situación en Palestina en ese momento, ocupada por los romanos. Los soldados romanos tenían derecho a obligar a cualquier judío a acompañarlos durante una milla, bien para mostrarles su camino o para llevar su equipaje. Uno puede imaginar que muchos judíos lo harían de mala gana. Se sentían como víctimas. Debían cumplir todos los deseos de los ocupantes. Entonces Jesús dice: si un soldado te pide te pide que cargues con su maleta una milla, camina dos millas con ella. Entra en conversación con el enemigo. Y con ello él sentirá que tú no eres su enemigo. Entonces puedes, en el camino, ganarlo como amigo.

Aplicado a la situación laboral significa que si tengo un jefe que continuamente quiere algo de mí y que a veces me da órdenes arbitrarias, tengo que dejar de quejarme de él. Voy a intentar admitirlo. Haré más de lo que me ha exigido. Y entonces, observar cómo reacciona. Quizá se sorprenda de que yo, no solo actúo obedeciéndole, sino que quiero ayudarle. Y esto puede cambiar la relación con él. También puede suceder que me encargue un trabajo difícil. Puedo sentirme como una víctima, porque aparentemente siempre me dan las tareas difíciles, o bien, tomarlo como un desafío. Entonces, incluso esa tarea difícil puede ser divertida para mí. Podría despertar en mí capacidades y energías nuevas que me harían crecer.

Otra situación. Esta vez, de trabajo en equipo. Hay algunos que se lo toman tranquilamente y, como consecuencia, me toca a mí trabajar más. Puedo ver esto como una injusticia y malgastar mis energías intentando que el trabajo se reparta correctamente. O puedo aceptar el desafío y, en lugar del 100%, aportar voluntariamente el 120% al trabajo. El 20% que añado al trabajo requerido, lo gano como experiencia personal. Y este 20% más de la medida requerida crea nuevas relaciones en la empresa y aumenta mi competencia. Desarrollaré mis habilidades y tendré más éxito. Mi compromiso se convierte en un regalo para mí. Por supuesto que hay límites. Cuando siento que los demás me están explotando, entonces es importante poner límites y no alimentar la comodidad de los otros. Pero, si yo me involucro plenamente, a pesar de mis perezosos colegas, puedo incluso despertar en los demás el gusto en el trabajo. Por lo menos, ven que me va mejor haciendo más trabajo que ellos, que por pura delimitación no aprovechan sus energías.

Jesús no nos ordena cómo trabajar y cómo debemos tratar con jefes o con colegas difíciles, sino que quiere despertar nuestra creatividad. Si abandonamos nuestro papel de víctimas y lidiamos creativamente con circunstancias difíciles, nosotros mismos saldremos favorecidos. Convertiremos en amigos a nuestros enemigos. Y convertiremos el miedo que tenemos todas las mañanas a enfrentarnos con esa difícil situación laboral, en confianza y placer. Iremos con gusto al trabajo, porque nos gustará transformar las situaciones difíciles.

El acoso laboral no es en sí un tema para Benito. Pero él parte de que en la vida de un monje hay situaciones difíciles que se parecen a lo que hoy llamamos *mobbing*. Benito describe cómo debe el monje reaccionar ante ellas en el tercer grado de humildad. En este grado cita también la palabra de Jesús: *Si le requieren para andar una milla, le acompañan otras dos* (Regla de san Benito 7,42, cita a Mt 5,41).

Benito describe así al monje que se ejercita en el cuarto grado de humildad:

> El cuarto grado de humildad consiste en que el monje se abrace calladamente con la paciencia en su interior en el ejercicio de la obediencia, en las dificultades y en las mayores contrariedades, e incluso ante cualquier clase de injurias que se le infieran, y lo soporte todo sin cansarse ni echarse para atrás, pues ya lo dice la Escritura: "Quien resiste hasta el final se salvará". Y también: "Cobre aliento tu corazón y espera con, paciencia al Señor". Y cuando quiere mostrarnos cómo el que desea ser fiel debe soportarlo todo por el Señor aun en las adversidades, dice de las personas que saben sufrir: "Por ti estamos a la muerte todo el día, nos tienen por ovejas de matanza". Mas con la seguridad que les da la esperanza de la recompensa divina, añaden estas palabras: "Pero todo esto lo superamos de sobra gracias al que nos amó".
>
> (Regla de san Benito 7,35-39)

La descripción del monje humilde nos parece hoy una carga excesiva. Pero para mí es importante experimentar esas frases. Y así puedo reconocer si son útiles o no. Interesante es la afirmación que el monje debe abrazar la paciencia en situaciones que a él le parecen injustas. En la medida en que yo abrazo la paciencia como una fuerza que Dios me regala, estoy conmigo mismo. Entonces no puede penetrar la injusticia en mi corazón. Tengo una actitud interior que me sostiene en medio de las turbulencias de la vida.

Luego san Benito va citando, uno tras otro, distintos pasajes de la Biblia. El monje debe aferrarse a las palabras de la Biblia y repetirlas una y otra vez. Y ellas le darán una nueva visión de la situación de acoso. Lo fortalecerán de forma que no se rinda. Las palabras bíblicas no minimizan la situación de injusticia, sino que la pintan de colores brillantes. Se habla de que somos llevados como ovejas al matadero, pero las palabras de la Biblia me ponen en contacto a la vez con mi propia energía, con la fortaleza de mi corazón. Y me prometen que seré salvado si soporto la situación. En latín *et salvus erit*, en alemán "seré salvo, seré sanado". Él saldrá sanado de esa situación. Es interesante que Benito elige aquí palabras muy combativas. Son versículos de la Biblia que en aquellos tiempos fueron utilizados sobre todo por los mártires como ayuda contra la injusticia. Benito, por lo tanto, no pide paciencia pasiva, sino valentía. En esta lucha contra la injustica son una gran ayuda actitudes como la valentía, la paciencia inquebrantable, el coraje y la confianza. Pero, además, el monje debe saber que en esta lucha siempre saldrá victorioso, nunca como perdedor. Algunas personas que sufren acoso se sienten como perdedores. Y entonces esa situación vejatoria se vuelve cada vez peor. Benito nos insta a reaccionar de manera activa y a luchar con ganas en una lucha que no va contra las personas, sino contra la injusticia. En esta lucha nos volvemos más fuertes y salimos de ella sanos y salvos.

## Verdad y veracidad

Muchos tienen la impresión de que en el mundo laboral se miente mucho. No se quieren admitir los errores y se atribuyen a circunstancias externas o a las empresas proveedoras que habrían enviado artículos incorrectos o defectuosos. A veces, cuando se acuerda una fecha de entrega, se sabe de antemano que es imposible mantenerla. Pero se hace como si fuera segura. Y si luego no es respetada se buscan suficientes razones para explicar que no fue posible. O se da respuestas a las preguntas de los clientes sobre las prestaciones del aparato, que no pueden mantener ante la propia conciencia. Se desea el encargo por encima de todo y se le asignan al producto unas propiedades que no tiene en absoluto. Últimamente se ha hecho público que casi todos los fabricantes de automóviles han "embellecido" los datos sobre la emisión de gases y el consumo de combustible. ¿Dónde están ahí la verdad y la sinceridad?

Hace algunos años pronuncié una conferencia a personas relacionadas con la Medicina sobre verdad y veracidad junto a la cama de un enfermo. Muchos médicos se muestran reacios a decir la verdad al paciente. Otros confrontan al paciente con la verdad desnuda, sin tener en cuenta su estado emocional, diciéndole que no tiene ninguna posibilidad de superar su enfermedad. Otros médicos hablan de manera tan nebulosa de la enfermedad, que ocultan al enfermo la verdad.

Un médico me contó una vez que él dice siempre la verdad al paciente, pero dándole siempre, a la vez, esperanza. Esperanza es algo distinto a expectativa. El médico, por tanto, no le dice al enfermo: "La semana que viene estarás curado". Más bien le muestra la gravedad de la enfermedad y, a la vez, le da esperanza. Siempre hay esperanza para la curación. Y, sobre todo, la esperanza significa que el médico cuidará del paciente y que el tiempo que le quede sea un tiempo valioso.

Pero solo se puede decir la verdad cuando existe una buena relación. La palabra alemana "verdad" significa, por su raíz indogermánica, mostrar favor, amabilidad. Y tiene que ver con la confianza. Decir la verdad es, por lo tanto, una prueba de amabilidad. Pero yo necesito una buena relación, tengo que tener confianza con el otro y él conmigo para poder regalarle el favor de la verdad. No puedo simplemente "arrojar" la verdad a los demás. Tengo que tener en cuenta siempre la relación con el otro.

Donde existe una gran confianza, puedo decir la verdad completa. Pero donde más bien hay desconfianza, no puedo hablar con falsedad, debo sopesar prudentemente qué es lo que puedo decir a la otra persona, sin mentir y sin falsear la verdad. Lo que yo diga, debe ser verdadero. Pero puede no ser toda la verdad. Esto vale no solo en la relación de una empresa con sus clientes, sino también en la forma en que los empleados se tratan entre sí y con el jefe. Donde reina la confianza, se puede decir la verdad. En ese ambiente, decir la verdad se convierte en un favor y no en un acto agresivo y acusador.

En la pregunta por la verdad me ayuda mucho la palabra que Jesús dirigió a sus discípulos después de la Resurrección: *Soy yo* (Lc 24,39). En griego: *Ego eimì autós. Autós* es el santuario más interior del ser humano, el espacio sagrado del silencio en el fondo de su alma, en el que él es totalmente él mismo.

En el trabajo no debemos quebrarnos, ni por pura consideración simplemente adaptarnos. Esto no nos hace bien y nos roba nuestra rectitud. Un ejercicio que me gusta proponer es el de imaginar distintas situaciones en el trabajo y luego, silenciosamente, decirse a sí mismo: "Soy yo mismo". Si yo en una conversación con un cliente, al que quiero venderle algo, le digo: "Soy yo mismo", entonces voy poco a poco relajándome y me vuelvo más libre. Ya no estoy bajo la presión de intentar venderle algo a toda costa. Me encuentro con él como conmigo mismo. Y esto va a hacer bien a la conversación sobre la venta.

Como mayordomo estuve más de 36 años en el sector de las compras. Nunca compré nada a un vendedor que me atosigara, que quisiera venderme algo por encima de todo. Solo donde existe una relación, donde he experimentado al otro como él mismo se vive, como una persona concreta con sus particularidades, solo ahí crece en mí la confianza para comprar lo que me recomiende. A través del ejercicio "soy yo mismo" se relaja la situación de tener que vender algo bajo cualquier circunstancia. Me vuelvo más relajado y auténtico. Esto me hace bien a mí mismo y en última instancia a la empresa para la que trabajo. Cuando trabajo con colegas siempre puedo decir: "Soy yo mismo". Entonces la convivencia se vuelve más clara y más relajada. La presión de querer ser siempre bien recibido y querido, se difumina. Y puedo tener un encuentro auténtico con el otro. También al jefe le puedo decir "soy yo mismo". Entonces ya no es el jefe el que determina mi estado de ánimo. Ya no tiene ningún poder sobre mí. Me encuentro con él a la misma altura. Yo le permito que sea completamente humano. Y me permito ser yo mismo. No tengo que probarme ante el jefe. No tengo que demostrar lleno de miedo que yo hago todo bien. Si tengo el valor de ser yo mismo, puedo decir la verdad sin miedo a que me haga daño. Naturalmente que en esto, junto a la veracidad, también es necesaria sabiduría para pensar cómo digo la verdad y qué le digo al jefe. Pero ya no estoy bajo la presión de tener que mentir para que me juzgue bien. Yo me acepto, así como soy, sin tener que depender del permiso de los demás.

Jesús dice: *La verdad os hará libres* (Jn 8,32). Esto también sirve para hablar de la verdad en una empresa. Allí donde se habla en verdad, hay libertad. Es siempre el miedo el que nos impide decir la verdad. Porque tenemos miedo a no presentarnos bien o a perder un puesto de trabajo. Pero el hecho de que la verdad es rentable desde el punto de vista económico lo demuestran los numerosos escándalos de fraude que ha destapado la prensa.

Una empresa que se permite mentir no se mantendrá durante mucho tiempo. Por eso es tan importante un espacio de confianza. Allí donde la veracidad está unida a la misericordia y a la justicia, surge un espacio de confianza. Si en la Volkswagen (y probablemente en muchas otras compañías de automóviles) hubiera existido este espacio de confianza, los ingenieros habrían podido decir al jefe la verdad. Pero tenían miedo a la verdad. Porque sabían que la verdad en la Volkswagen no iba unida a la misericordia y a la justicia. Más bien era la voluntad del jefe la norma suprema. Y al jefe no le interesaba la verdad sino el éxito. Y quien no podía mostrar el éxito, era tratado sin piedad. Y no se veía la justicia por ninguna parte. No se trató a los trabajadores individualmente de manera justa, sino que se los sacrificó a la propia presión del éxito. En tal ambiente de miedo no surgen soluciones creativas, sino que solo queda la posibilidad de engañar. Pero esto no merece la pena a largo plazo.

Benito advierte a los monjes, precisamente, que sean sinceros en su trabajo. Una forma de veracidad consiste en evitar el fraude. Benito advierte de la tentación de cometer fraude con aquello que se ha fabricado. La estafa estaría en presentar el resultado mejor de lo que es. Esta tendencia está hoy muy generalizada. Ya no se trata de la calidad del producto o de mi trabajo sino de lo bien que pueda vender el producto o mi trabajo. Otra forma de veracidad se observa en la advertencia de Benito sobre la humildad:

> Si hay artesanos en el monasterio, que trabajen en su oficio con toda humildad, si el abad se lo permite. Pero el que se envanezca de su habilidad por creer que aporta alguna utilidad al monasterio, sea privado del ejercicio de su trabajo y no vuelva

a realizarlo, a no ser que, después de haberse humillado, se lo ordene el abad.

(Regla de san Benito 57,1-3)

¿Qué tiene que ver la humildad con la verdad? La humildad, *humilitas*, significa que estoy en contacto con lo que estoy haciendo, que estoy cerca de la tierra, cerca del producto. No utilizo el producto para presentarme a mí mismo. No abuso de mi trabajo colocándome a en el centro. Cuando en el trabajo todo gira alrededor de mi ego, distorsiono el trabajo. No me meto en el trabajo, no me entrego, sino que lo utilizo para presentar mejor mi propio ego. Pero esto no es más que falsedad. Y esa falta de honradez la encontramos con frecuencia en las empresas.

Algunos empleados representan muy bien su papel hacia afuera. Ponen las cosas en movimiento, pero no para beneficio de la empresa, sino para atraer la atención sobre sí mismos. El director de un taller cambió toda la estructura de este para subir más alto en la escala de los directivos. Y lo consiguió, porque los jefes dedujeron que él podía traer cambios. Sin embargo, su sucesor tuvo que deshacer todo lo que el anterior había hecho porque resultó ser una pompa de jabón. Mantenerse en humildad en el trabajo e involucrarse en él sin buscar su propio ego produce, en última instancia, frutos.

## Justicia

Para que las relaciones sean buenas dentro de una empresa debe prevalecer la justicia. "Quien siembra justicia recogerá paz", dice el profeta Amós. Donde el jefe trata injustamente a los empleados surgen envidias e intrigas. Y hay pérdidas por roces. Lo mismo se puede aplicar a los empleados. También ellos deben tratarse justamente entre sí. Justicia también significa tener en cuenta el valor de cada persona. Allí donde no valoro con justicia a los demás, creo un clima de descontento y miedo. Solamente allí donde trato con justicia a los otros, se crea un buen clima de convivencia.

Es verdad que no hay una justicia absoluta. Jesús dice: *Bienaventurados los que tienen hambre y sed de justicia* (Mt 5,6).

También están los fanáticos de la justicia, que están constantemente dando vueltas, para comprobar que todo se hace con justicia. Suelen ser muy agresivos y pueden llegar a dividir una empresa. Otros están obsesionados con que a ellos se les haga justicia. Están continuamente comparándose con los demás, preguntan, por ejemplo, cuánto gana la otra persona. Luego comparan su salario con el del otro y encuentran que el resultado es injusto. O bien comparan su rendimiento con el de la otra persona y exigen siempre justicia absoluta en la distribución del trabajo. Esto conduce a menudo a tensiones y desconfianza.

Con frecuencia, la justicia que Jesús nos pide parece diferente a la que nosotros exigimos. Esto lo muestra la famosa parábola de los trabajadores de la viña. El dueño de la viña sale temprano de su casa por la mañana para reclutar trabajadores para su viña. Esto era bastante común en aquel tiempo. No se tenía empleados permanentes. Cuando comenzaba el trabajo en el viñedo se buscaban en la plaza trabajadores, que estaban allí con este fin. El dueño se dio cuenta que los trabajadores de la primera hora (a las siete de la mañana) no podían realizar solos todo el trabajo, y salió otra vez a la tercera hora (nueve de la mañana) y a la sexta y novena horas para contratar más trabajadores para su viña. Es inusual que también saliera a la hora undécima (las cinco, ya que a las seis se acababa el trabajo) otra vez al mercado a buscar más trabajadores. Al llegar echó en cara a las personas que encontró allí que permanecieran ociosas. Pero ellos le dijeron: *Nadie nos ha contratado* (Mt 20,7).

Es decir, no es su culpa no haber encontrado trabajo. Nadie los ha necesitado. Se sienten inútiles. Por eso su alegría es inmensa al ver que al menos pueden trabajar una hora y ganar algo. Hasta aquí, todo claro. Pero entonces hay un cambio en la parábola. A las seis hace venir el dueño de la viña a los trabajadores de la última hora y les paga el mismo salario que había convenido con los de la primera hora. Esto, por supuesto, molesta a los trabajadores de la primera hora. Comparan su trabajo con el de los otros y se sienten tratados injustamente. Pero el señor dice a uno de ellos:

> *Amigo, no te hago ninguna injusticia. ¿No te ajustaste conmigo en un denario? Pues toma lo tuyo y vete. Por mi parte, quiero dar a este último lo mismo que a ti. ¿Es que no puedo hacer con lo mío lo que quiero? ¿O va a ser tu ojo malo porque yo soy bueno?* (Mt 20,13-15).

Muchos de los que oyeron esta parábola dijeron: no se puede funcionar así. Eso es injusto a todas luces. Sintieron resistencia en su interior. Pero Jesús quiere provocarnos con esta parábola. Primero quiere utilizar la situación en el trabajo como símbolo de nuestra relación con Dios. Ante Dios no debemos explicar lo buenos que somos y que guardamos todos los mandamientos de Dios. Lo único que cuenta para Dios es que nos involucremos en lo que él nos exige y nos confía. Entonces nuestra vida tendrá éxito. El denario es el símbolo del éxito de la vida. Si miramos a los que, al principio, sin fe, sencillamente han vivido, entonces sentimos que nos hemos perdido algo. No hemos disfrutado de la vida como ellos. Y ahora son recompensados por Dios de igual forma. Jesús quiere recordarnos que vayamos por nuestro propio camino hacia Dios, sin mirar a los demás y sin compararnos con ellos. Y quiere mostrarnos, que la vida vivida ya es en sí una recompensa. Es mejor vivir que estar ocioso de aquí para allá.

Por supuesto, también se puede interpretar esta parábola aplicándola a la situación laboral. Jesús quiere recordarnos que nos involucremos en el trabajo que está destinado para nosotros, sin compararlo constantemente con el trabajo de los demás. Cuando me concentro en mi trabajo se hace divertido para mí. Entonces no pienso en el esfuerzo, y no comparo mi trabajo con el de aquellos que trabajan menos y ganan igual que yo. No se trata solo del salario, sino del significado de mi trabajo. Hacer mi trabajo con gusto es para mí suficiente recompensa. No necesito el reconocimiento de los demás. Naturalmente que con ello no quiere Jesús legitimar relaciones injustas en las empresas. Pero Él quiere desviar nuestra mirada de la obsesión de la justicia, para que permanezcamos en nosotros mismos. Cuando en nuestro trabajo estamos con nosotros mismos, entonces dejamos ser a los otros como son, sin mirarlos con envidia. Jesús conecta en esta parábola la justicia con la misericordia.

En la sociedad capitalista los primeros que encuentran trabajo son los fuertes. Los débiles apenas tienen posibilidades de vivir bien. En esta parábola Jesús dirige nuestra mirada hacia los débiles. Con frecuencia tenemos los mismos prejuicios que los trabajadores de la primera hora contra los trabajadores que todavía por la tarde estaban en la plaza del mercado. Pensamos que son perezosos y por eso no encuentran trabajo. Pero no miramos más profundamente su alma. Jesús, con esta parábola, nos abre los ojos para que no contemplemos a aquellos que no tienen trabajo como personas vagas, sino que reconozcamos la necesidad en la que se encuentran. No deberíamos ver en los refugiados simplemente a personas que nos quitan el trabajo, sino a seres humanos que necesitan urgentemente un trabajo, en realidad para poder vivir. Así Jesús nos recuerda que debemos decir adiós a la justicia absoluta y combinar la justicia con la misericordia.

A mí me gusta trabajar. Y experimento que mi trabajo también me trae recompensa. Recibo el reconocimiento de la gente si dirijo un curso. Cuando dejo que me afecte la parábola de los trabajadores en la viña, reconozco que me revela sentimientos de envidia inconscientes que hay en mí. A veces pienso: yo gano el dinero para mis hermanos, y algunos se lo toman con tranquilidad. La parábola me descubre los sentimientos que están debajo de la superficie de mi corazón. Y me recuerda que debo realizar mi trabajo con agradecimiento, ese trabajo que ha sido destinado para mí. Entonces el trabajo mismo se convierte en recompensa. Y no necesito compararme con aquellos que trabajan menos. Sobre todo, porque experimento que a aquellos que trabajan menos, no les va mejor, sino más bien peor, porque encuentran menos reconocimiento y porque no están contentos con aquello que hacen.

San Benito habla de la justicia sobre todo en el capítulo que trata del abad. El abad debe decir con el salmista: *No me he guardado tu justicia en mi corazón, he manifestado tu verdad y tu salvación* (Regla de san Benito 2,9, cita el Sal 40,11).

Benito habla de la justicia de Dios: ante Dios, todo es correcto, todo se endereza de forma que corresponda a la voluntad de Dios. Pero es verdad que la justicia divina necesita como complemento "fidelidad y ayuda". El abad debe cuidar de los débiles precisamente como Jesús. La justicia que Benito le exige debe expresarse en un trato justo con los monjes, en la creación de estructuras justas. Así exhorta Benito al abad:

> *No haga en el monasterio discriminación de personas. No amará más a uno que a otro, de no ser al que hallare mejor en las buenas obras y en la obediencia. Si uno que ha sido esclavo entra en el*

*monasterio, no sea pospuesto ante el que ha sido libre, de no mediar otra causa razonable. Mas cuando, por exigirlo así la justicia, crea el abad que debe proceder de otra manera, aplique el mismo criterio con cualquier otra clase de rango. Pero, si no, conserven todos la precedencia que les corresponde, porque "tanto esclavos como libres, todos somos en Cristo una sola cosa" y bajo un mismo Señor todos cumplimos un mismo servicio, "pues Dios no tiene favoritismos"* (Regla de san Benito 2,16-20).

El abad no debe hacer ninguna distinción en el trato a sus monjes. Todos los seres humanos tienen la misma dignidad. La justicia es respetar la dignidad de cada individuo. Pero justicia no significa para Benito un igualitarismo absoluto. Él habla también de excepciones. El orden de rango se fija según la fecha de entrada. Pero hay razones de justicia que pueden afectar a ese orden tan claro. Por eso entiende siempre Benito la justicia como la capacidad de ajustarse a cada persona en su situación concreta. Pero esta justicia no debe estar enturbiada por las preferencias. Se necesitan razones sensatas que puedan ser entendidas por los monjes. Si en una empresa se da preferencia a determinados trabajadores, hay fricciones, descontento y envidia. La justicia crea paz en la comunidad. Y el abad, o en su caso, los cargos directivos de la empresa, es responsable de garantizar que prevalezca la justicia y que todos sean tratados de manera justa. Es de por sí un arte liderar de forma que todas las personas sean tratadas justamente en sus situaciones individuales.

## Amor al prójimo

Muchos opinan que en el mundo laboral no hay espacio para el amor al prójimo. En él se trata solo del éxito y de los logros, de competencia y rivalidad, el amor al prójimo no se demanda y es un cuerpo extraño. Sin embargo, para mí el clima de una empresa está totalmente determinado por el amor que el jefe tiene a sus empleados. El amor no siempre tiene que expresarse emocionalmente. Pero un directivo debe tratar a sus empleados con benevolencia, debe quererlos. Entonces ellos trabajarán mucho mejor. Este tipo de amor debe aplicarse también a los empleados entre sí. Por la mañana, cuando voy a trabajar, tengo que decirme: estos son mis colegas. Los aprecio. Intento aceptarlos, encontrarme con ellos con benevolencia. Entonces el amor creará un clima que me hará bien a mí mismo y en el que los otros trabajarán con gusto. El amor al prójimo, por tanto, nos hace bien a todos.

No debemos interpretar el amor demasiado teológicamente. El amor significa sencillamente el vínculo entre los empleados. Yo no trabajo solamente junto a los otros, sino con los otros. Y me siento unido a ellos. Las investigaciones del cerebro señalan que lo mejor para el desarrollo del cerebro del niño es la relación con los padres. Esto puede aplicarse también a una empresa. Allí donde los trabajadores y los directivos se sienten conectados, son más creativos, allí su cerebro desarrolla nuevas conexiones, surgen nuevas ideas. En una empresa donde la dirección crea un clima de ansiedad, la creatividad no crece, solo crece el fraude. Y esto, con el tiempo, perjudica a la empresa.

Pero Jesús no exige de nosotros solamente el amor al prójimo. Con la parábola del buen samaritano nos muestra cómo actuar en los casos concretos: un hombre fue atacado por los ladrones, saqueado y molido a palos. Así le dejaron al borde del camino. Un sacerdote y un levita, que pasaban por allí, cambiaron al otro lado de la carretera y pasaron sin prestarle atención. No les interesaba cómo le iba a la otra persona. Lo principal para ellos era terminar su trabajo, su servicio sacerdotal en el templo. Desde el punto de vista de una ética del trabajo, que acentúe sobre todo el deber, se podría decir que no eran en absoluto culpables. Solo cumplían con su deber. El hombre, que yacía al borde del camino, era una molestia para el cumplimiento del deber. Un samaritano, que iba de viaje y que, por tanto, también tenía un objetivo definido, vio al hombre:

> *Y al verle tuvo compasión; y, acercándose, vendó sus heridas, echando en ellas aceite y vino; y montándole sobre su propia cabalgadura, le llevó a una posada y cuidó de él. Al día siguiente, sacando dos denarios, se los dio al posadero y dijo: "Cuida de él y, si gastas algo más, te lo pagaré cuando vuelva"* (Lc 10,33-35).

El amor al prójimo no es algo general. Se puede decir fácilmente: yo amo a todos los seres humanos. Yo amo a mis compañeros de trabajo. Pero este amor se manifiesta de manera concreta cuando uno de ellos cae en manos de los ladrones, o cuando no le va bien, cuando es saqueado, ridiculizado, despojado de su dignidad, cuando el destino se lo ha quitado todo; su salud, su familia, sus amigos. Caridad significa prestar atención a las personas que trabajan a mi lado. ¿Cómo les va? ¿Ha caído alguien en manos de los ladrones? Si disminuye su rendimiento, ¿se trata de vagancia o es que no puede hacer otra cosa porque en este momento se siente saqueado, es decir, despojado de todo?

La atención a los empleados es el primer paso. El segundo es la reacción. El samaritano tiene compasión con el hombre. Sufre con él. No le es indiferente. Entonces se acerca y vierte aceite y vino sobre sus heridas. No destapa las heridas, sino que las cubre con su amor y con su afecto. Pero también usa la fuerza. Sube al hombre a su montura. Lo agarra con fuerza debajo de los brazos. Y luego lo lleva a la posada. Sabe que no puede ayudar a esa persona a largo plazo porque necesita ayuda profesional. Es un alivio para nosotros que no tengamos que ayudar ya para siempre al empleado que está a nuestro lado, y que no se siente bien. Solo debemos dar el primer paso y dedicarle lo que nos sea posible de cercanía, amor, comprensión y apoyo. Y luego debemos ver qué es lo que realmente le va a ayudar. Quizá necesita un tratamiento, una terapia o un descanso. Pero el samaritano no deja al hombre sin más en la posada. Le dice al posadero que le pagaría a su vuelta lo que hubiera gastado de más.

Muchos temen practicar la caridad con sus colegas porque creen que estos se sentirán abrumados por ello. Y tendrían que responsabilizarse de ellos el resto de su vida. Pero no, porque el amor a los demás siempre debe corresponder a las propias posibilidades. Debemos hacer lo que esté en nuestras manos y aceptar nuestras fronteras. Y no creer que podemos sanar al otro. Podemos, sí, crear las condiciones para su curación. Por ejemplo, proporcionándole ayuda profesional en forma de un tratamiento adecuado o una terapia. O también, ayuda espiritual, llevando al compañero a una "posada", a un espacio en el que pueda sentir la cercanía sanadora de Dios. Podemos ofrecerle lo que nos ha ayudado a nosotros en una enfermedad o necesidad: presentar a Dios nuestras necesidades y confiar que nos llene de su poder sanador y fortalecedor.

> Al finalizar la parábola, Jesús hace una pregunta:
> *¿Quién de estos tres te parece que fue prójimo del que cayó en manos de los salteadores?* (Lc 10,36).

Pensamos, que el hombre atacado es el prójimo a quien debemos ayudar. Pero Jesús plantea la pregunta de otra manera. Nos pide que tomemos la perspectiva de la persona necesitada y nos preguntemos qué necesita. Él anhela una persona, que sea su prójimo, que se acerque a él y se involucre con él.

Además, la parábola de Jesús quiere llamar nuestra atención sobre otra cosa. A veces las propias empresas se convierten en ladrones que saquean a las personas. Esto sucede en compañías que explotan a sus empleados y luego los abandonan en el camino, cuando enferman por haber realizado esfuerzos excesivos. Y también en aquellas que fabrican productos que ponen en peligro la salud y el bienestar de sus clientes. Solo se preocupan por su éxito, y no por las consecuencias para sus clientes.

En una empresa, en la que el amor a los demás se vive tal y como Jesús cuenta en la historia del samaritano, las personas no se sienten solas. Se sienten apoyados por los demás y por los directivos. Esto crea un clima de confianza, que quita a los empleados el temor de ser abandonados en el caso de caer en manos de ladrones, o de tener una depresión u otra enfermedad, o por no tener ya necesidad de ellos. La práctica del amor al prójimo crea una solidaridad entre los trabajadores y un clima de trabajo tan bueno que, a la larga, trae beneficios tanto para la empresa como para sus empleados.

Benito pide caridad, sobre todo al abad:

> *No se olvide de que aceptó la misión de cuidar espíritus enfermizos, no la de dominar tiránicamente a las almas sanas. Y tema aquella amenaza del profeta en la que dice Dios: "Tomabais para vosotros lo que os parecía pingüe [fuerte] y lo flaco lo desechabais". Imite también el ejemplo de ternura que da el Buen Pastor, quien, dejando en los montes las noventa y nueve ovejas, se va en busca de una sola que se había extraviado; cuyo abatimiento le dio tanta lástima, que llegó a colocarla sobre sus sagrados hombros y llevarla así consigo otra vez al rebaño* (Regla de san Benito 27,6-9. Cfr. Lc 15,4).

Por tanto, el abad debe cuidar sobre todo a los miembros débiles, aquellos que han caído en manos de los ladrones y que necesitan una ayuda especial. Debe encontrarse con ellos lleno de compasión y tomarlos sobre sus hombros, como Jesús, y como el samaritano que se echó sobre sus hombros al hombre herido para levantarlo sobre su cabalgadura.

Pero Benito exige también la caridad a todos los hermanos. Esto lo acentúa en uno de los últimos capítulos, como si fuera resumen de toda la Regla.

> *Los hermanos se anticiparán unos a otros en las señales de honor: Se tolerarán con suma paciencia sus debilidades tanto físicas como morales. Se emularán en obedecerse unos a otros. Nadie buscará lo que juzgue útil para sí, sino, más bien, para los otros. Se entregarán desinteresadamente al amor fraterno* (Regla de san Benito 72,4-8).

Lo que Benito exige en este párrafo es sin duda un ideal, pero este ideal deben tenerlo los monjes siempre ante sus ojos cuando piensen en sus hermanos, especialmente en aquellos que son débiles y necesitan ayuda. Incluso si Benito escribe más bien de una manera sobria al hablar de la comunidad, en la que siempre cuenta con conflictos, invita a los monjes, al final de su Regla, a que se esfuercen sobre todo en el amor fraterno. Es la condición para que una comunidad pueda convivir a largo plazo.

## Cooperación y rivalidad

La Biblia nos cuenta historias de rivalidad y envidia en las distintas constelaciones. Ahí está primero la historia de Caín y Abel, una historia de rivalidad entre dos hombres y a la vez entre dos hermanos. Ambos hermanos se dedicaban a diferentes actividades. Abel era pastor de ovejas y Caín agricultor. Entonces nace la envidia entre ambos. Cada uno piensa que su oficio es el más importante. El agricultor se siente en desventaja. Tiene la impresión de que su trabajo es más duro, el pastor lo tiene mucho más fácil. Ambos presentan su ofrenda a Dios. La Biblia dice que Dios mira la ofrenda de Abel y en cambio no la de Caín. Esto para nosotros es injusto y arbitrario. Pero también podemos interpretar este pasaje desde el punto de vista de Caín y Abel. Caín sentía que él no era tan apreciado, que su hermano Abel había tenido mejor suerte: ser pastor requiere menos trabajo que ser agricultor. Este tiene que trabajar mucho más y, además, tienen que estar pendiente del tiempo y de las condiciones del suelo. Él tiene que trabajar con el sudor de su frente. Y esto es con seguridad envidia de su hermano. El otro es el preferido de Dios, de sus padres, de lo que le rodea. Lo tiene más fácil y mejor. Cuando Caín se da cuenta de que Abel lo tenía más fácil, *se irritó Caín en gran manera y andaba cabizbajo* (Gn 4,5). Dios le dijo: *Si hicieras lo bueno, podrías andar con la frente en alto. Pero si haces lo malo, el pecado te acecha, como una fiera lista para atraparte. No obstante, tú puedes dominarlo* (Gn 4,6ss).

Dios entiende que Caín está lleno de sentimientos de envidia. Pero es tarea suya convertirse en señor de esos sentimientos. Pero Caín no escucha a Dios. El sentimiento de envidia es tan profundo que no puede dominarlo o transformarlo. Y exterioriza su envidia, matando a su hermano Abel. Pero la culpa, con la que carga, no hace desaparecer la envidia. Al contrario, la culpa le hace vagar sin descanso incesantemente en la tierra.

Cualquiera que por envidia haga expulsar a otro de una empresa, no descansará nunca. Visto desde fuera puede tener ventajas porque él, por ejemplo, puede ser ascendido. Pero los sentimientos internos de culpa, no le permitirán vivir en paz. No puede venir ninguna bendición si yo utilizo la rivalidad en detrimento de otro, si doy rienda suelta a mi envidia. Me perjudico a mí mismo y al otro. Y todavía hay otro castigo que se impone a sí mismo el que daña a otro por envidia: *Cuando cultives la tierra, no te dará sus frutos* (Gn 4,12).

El trabajo que lleva a cabo el empleado envidioso no atraerá bendición alguna. Trabajará mucho, y quizá subirá más alto en la escala de su carrera. Pero su trabajo no produce fruto. Nada florece. No saca nada del hecho de haber quitado de en medio al rival.

En otra historia de rivalidad se trata de hombres y mujeres. Moisés tenía un hermano, Aarón, y una hermana, Miriam. Los tres dirigían el pueblo, aunque Moisés era el verdadero líder. Durante un tiempo, los tres se complementaron en su papel de liderazgo. Pero después Miriam y Aarón se pusieron celosos con Moisés y hablaban mal de su hermano. Estaban molestos con él porque su mujer era cusita, es decir, una extranjera. Y se decían: *¿Es que Yahvé no ha hablado más que con Moisés? ¿No ha hablado también con nosotros?* (Núm 12,2).

Tenían envidia de Moisés porque Dios hablaba sobre todo con él y porque la gente siempre se dirigía a él si había algún problema. Ellos creían que eran tan buenos como Moisés, y que Dios también les hablaría, ya que tenían la misma experiencia espiritual que Moisés. Y buscaban algo para hacer de menos a su hermano. Pero la verdadera razón de ello estaba en que tenía una esposa extranjera. Moisés, en esto no se atuvo exactamente a las leyes judías. Se tomó la libertad de casarse con una extranjera. Esto era una piedra de escándalo para Aarón y Miriam. Entonces se rebelaron contra Moisés y lo hicieron mal con él. Pero Dios reprendió a Aarón y Miriam. Les dijo que Él solo hablaba cara a cara con Moisés. O sea, confirmó el papel especial de Moisés. Como castigo por su rebelión y su murmuración sobre Moisés, Miriam se volvió blanca como la nieve. Estaba leprosa. El descontento, que había expresado en sus habladurías en contra de su hermano, se hizo visible en su cuerpo. Moisés no se hizo el ofendido por causa de las habladurías de su hermana, sino que se puso de su parte y suplicó a Dios que la curase. Solo entonces sanó y pudo volver a integrarse en la comunidad.

En este caso, también se trata de envidia entre hermanos, pero al mismo tiempo entre hombres y mujeres. En las empresas, esta envidia toma diferentes formas. A menudo la rivalidad tiene que ver con la propia imagen masculina o femenina. Cuando un hombre teme a las mujeres, tiene que devaluarlas. Hace chistes sobre ellas, habla sobre su cuerpo y las daña de esta forma. O, si una mujer tiene problemas con los hombres, pelea con los colegas varones y quiere quedar siempre por encima. Es agotador para ambas partes. En la historia bíblica se alían el hermano y la hermana contra el hermano, que tiene un papel especial. Este es también el caso de las empresas, cuando un hombre y una mujer se unen para hacer el mal o dañar a un compañero. Y esto, nos dice la historia bíblica, no trae bendición. Al contrario, lo que le hago al otro, se queda en mí. Y entonces muestro mi descontento en mi rostro, en mi voz, en toda mi persona. Y esto que dejo traslucir es a menudo como lepra. Excluye a la persona envidiosa de la comunidad. Nadie quiere tener nada que ver con ella. Se ha aislado a sí misma.

Las dos historias bíblicas nos instan a cooperar entre nosotros en lugar de pelearnos y hacernos daño. Moisés, Aarón y Miriam trabajan juntos de nuevo. Se complementan entre sí. Aarón es el portavoz de Moisés, porque este tiene dificultades para comunicarse con el pueblo, debido a su tartamudez. Y Miriam introduce el lado femenino del liderazgo. Así pueden los tres hermanos guiar al pueblo hasta la frontera de la Tierra Prometida, hasta la tierra donde serán libres, donde cosecharán lo que siembren, donde podrán vivir juntos en paz. Cooperar significa que cada uno trabaja lo que puede, pero el trabajo individual se une con el del otro, de forma que juntos se trabaja por un objetivo. Para Moisés, Aarón y Miriam el objetivo era llegar a la Tierra Prometida. Para una empresa el objetivo es llegar en paz a dar frutos. Cuando la envidia y las luchas rivales desaparecen, surge una nueva convivencia, que traerá también éxito hacia afuera. La unión es bendecida.

La condición para que Moisés, Aarón y Miriam volvieran a cooperar fue la actitud de Moisés. De él dice el libro de los Números (12,3): *Moisés era un hombre muy humilde, más que hombre alguno sobre la haz de la tierra.*

Moisés no respondió tomando medidas contra sus hermanos, que se habían rebelado contra él. Al contrario, lo soportó con gran humildad. La humildad supone el coraje de aceptar la propia humanidad y no creerse más que los demás. Los primeros monjes –especialmente Evagrio Póntico– traducen este pasaje por "manso". Moisés era más manso que cualquier otra persona. Manso viene de juntar (recoger, compilar). Manso es el que tiene el coraje de integrar todo lo que hay en él. Une en sí sus fortalezas y debilidades, sus lados claros y oscuros, su mente y sus sentimientos, todo lo que ha pasado en la historia de su vida. Quien es capaz de reunir todo en su interior, también puede reunir a las personas, que están en su contra. No se romperá. Más bien, sentirá que todo lo que los demás rechazan en él, está en él y también en los otros y lo reúne todo en el amor. Así pueden crearse grupos de personas, que en sí mismas están divididas, y proyectan sus problemas sobre el jefe –sobre Moisés–. Por eso la cooperación pide siempre también un trabajo espiritual en mí mismo. Debo intentar, como Moisés, ser humilde y manso, aceptarme como soy, y así con todo lo que me pertenece. Entonces me vuelvo capaz de cooperar, lo que promueve la convivencia de todos los empleados.

No todos los líderes reaccionan de una forma tan madura y espiritual como Moisés. Con frecuencia utilizan la envidia entre los empleados para fortalecer la propia posición y les permiten a sus empleados vivir su envidia. No les preocupa el bien de la empresa sino su propio beneficio, su propia popularidad y reconocimiento. Pero en realidad dividen la empresa. No les interesa descubrir y sanar la envidia y los celos.

San Benito conoce la envidia en su comunidad. Por eso recuerda a todos los monjes: *No hay que obrar por envidia* (Regla 4,67).

Benito trata el tema de la envidia sobre todo en el capítulo dedicado al prior, el representante del abad. Como son nombrados por el mismo obispo que el abad, algunos priores se sienten tan importantes como el abad:

> *De aquí nacen envidias, riñas, calumnias, rivalidades, discordias, desórdenes. Mientras el abad y el prior tengan criterios opuestos, necesariamente han de peligrar sus propias almas* (Regla 65,7ss).

Cuando el abad y el prior están celosos el uno del otro, esto hiere su propia alma. Y se crea una atmósfera que divide a la comunidad. Benito da dos reglas para superar la envidia entre abad y prior:

El primer consejo es organizativo. El abad debe, con el asesoramiento de hermanos temerosos de Dios, seleccionar y nombrar a uno de ellos como prior. Con ello el motivo para la envidia es menor. El segundo consejo se refiere al comportamiento de liderazgo del abad. Si el prior sigue con su envidia y se opone al abad, éste debe actuar y corregir al prior, hasta cuatro veces. Si esto no da resultado, debe relevarle de su cargo. Sin embargo, Benito le recuerda al abad que en su forma de actuar debe prestar atención: *no sea que deje abrasar su alma por la pasión de la envidia o de los celos* (Regla 65,22).

Por tanto, debe cuidarse de no reaccionar con envidia a la envidia del prior hacia él. Su autoridad debe estar libre de sentimientos de envidia. De lo contrario sufrirá el abad en su propia alma. La envidia no le hace bien ni a sí mismo ni a la comunidad. Porque esta siente cuándo el abad está celoso de un hermano capaz.

# Trabajo en equipo

## Fortalezas y debilidades

Hoy, la mayor parte de las veces, se trabaja en equipo. Los empleados forman un equipo que trabaja junto para realizar una tarea. Para ello es necesario que cada uno sea capaz de saber involucrarse en el equipo. Además, es importante la selección cuidadosa de los miembros del mismo. La diversidad de caracteres puede ser una oportunidad para un equipo. No tienen por qué pensar todos lo mismo. Precisamente, cuando en un equipo hay distintos caracteres, puede crearse una tensión sana, que le da creatividad. Los diferentes puntos de vista pueden enriquecer el trabajo en equipo.

Pero también hay formas de ser que no congenian, que bloquean el equipo. Esto nos lo muestra la historia de la Iglesia primitiva. Lucas nos narra en los Hechos de los Apóstoles, lo bien que habían trabajado juntos Pablo y Bernabé. Tuvieron grandes éxitos en su primer viaje misionero. Bernabé había introducido a Pablo en el círculo de los apóstoles, en Jerusalén, y les había quitado los temores frente al perseguidor de cristianos. Ambos actuaron con gran éxito en el Concilio de Jerusalén y lograron una buena solución para los cristianos procedentes de los gentiles. Pero más tarde se produjo una disputa entre ellos, que condujo a una nueva composición del equipo. Pablo quería volver a marchar con Bernabé para visitar y fortalecer en la fe las comunidades con las que estuvieron en su primer viaje misionero.

> *Bernabé quería llevar con ellos también a Juan, llamado Marcos, pero Pablo consideraba que no debían llevar consigo a quien los había abandonado en Panfilia, cuando debía haber compartido sus trabajos. Se acaloraron tanto que acabaron por separarse el uno del otro. Bernabé tomó consigo a Marcos y se embarcó rumbo a Chipre. Pablo, por su parte, eligió a Silas. Los hermanos lo encomendaron a la gracia de Dios y partió* (Hch 15,37-40).

No está claro por qué Marcos se había separado de Bernabé y Pablo. Lucas solo dice que los dos tenían a Marcos como ayudante (Hch 13,5). Y anota brevemente (13,13): *Pero Juan se separó de ellos y se volvió a Jerusalén.*

Tal vez el viaje misionero le parecía demasiado peligroso o agotador. De cualquier forma, él abandonó el equipo. Acaso tenía también el sentimiento de que no encajarían bien. Bernabé en cambio tiene la impresión de que para él y para Pablo era un enriquecimiento. Pero Pablo era intransigente y ya no quería trabajar con él. Y así se formaron dos nuevos equipos: Bernabé y Marcos evangelizaron en Chipre, Pablo y Silas viajaron a Siria y a Cilicia. Ambos partieron con la bendición de la comunidad. Aunque los cuatro ya no trabajan juntos siguen siendo enviados por la comunidad. Trabajan, por tanto, en nombre de la comunidad aunque vayan a trabajar por separado.

Esta es una bonita imagen para la composición de un equipo. Hay personas que sencillamente no encajan entre sí.

En el caso de Pablo, podemos decir que era un triunfador. Junto a él, el débil Marcos no tenía sitio. Este se sentía marginado. O le parecía que nunca podría llenar las expectativas de Pablo. Bernabé había introducido a Pablo en la comunidad de Jerusalén. Él, con su talante reconciliador, había podido tranquilizar a la comunidad, que desconfiaba de Pablo, que había sido perseguidor de cristianos. Y su carácter reconciliador quería recuperar a Marcos. Para Pablo, por el contrario, era irreconciliable. Tenía grandes exigencias para sí mismo, y también para los demás. Por eso a la larga no podía trabajar con Marcos. Los cuatro discípulos anunciaban el amor que habían encontrado en Jesucristo. Y todos exhortaban a las Iglesias al amor al prójimo. Pero ellos mismos no eran capaces de amarse de forma que pudieran trabajar juntos.

No debemos hacer juicios morales sobre esta situación. No tiene sentido amonestar a los discípulos para que se acepten unos a otros. Entonces también podrían trabajar en equipo. Es importante tomar en serio las condiciones psicológicas. Hay personas que, sencillamente, no encajan entre sí. No se les puede animar a aceptarse mutuamente mediante razonamientos morales. Es más importante admitir que con determinadas personas sencillamente no logro conectar. Debemos esforzarnos en trabajar juntos como equipo. Pero también es parte de la honestidad y de la humildad, reconocer que existen límites para la cooperación en el trabajo. Entonces es mejor volver a montar el equipo. Pero es importante, que todos los empleados, incluso si se separan y luego trabajan junto con otros, representen los intereses comunes de la empresa y cuenten con el respaldo de esta.

Un director de departamento me hablaba una vez de un equipo de cuatro personas que trabajaba en armonía. Tres hombres tenían aproximadamente el mismo rendimiento. El cuarto era más flojo. Tenía buena voluntad, sí, pero no conseguía llegar a lo que se esperaba de él. El director de departamento habló con los tres hombres fuertes para que sobrellevaran al empleado más joven y débil. Ellos lo intentaron, pero continuamente surgían tensiones. Entonces se dio cuenta que no podía mejorar el equipo advirtiéndole que prestara atención al más débil. Configuró el equipo de manera distinta. Al empleado joven lo colocó en otro equipo y entonces ambos equipos se quedaron satisfechos.

Hay dos razones por las que las personas no encajan bien en un equipo. La primera razón es biográfica. Algunos miembros del equipo me recuerdan, por ejemplo, al padre autoritario que siempre me impidió decidir por mí mismo. Otros me recuerdan a la madre depresiva que siempre me acaparaba y quería que tuviera mala conciencia. No estamos libres de prejuicios cuando miramos a las personas con las que nos encontramos. Las miramos siempre con unas gafas que nos ha colocado nuestra propia historia vital. Podemos investigar la historia de nuestra vida para hacernos capaces de admitir a las personas que nos recuerdan las experiencias negativas de nuestra infancia. Pero hay límites. Entonces reaccionamos supersensibles a una sugerencia del otro y ya la vemos como una tutela. O bien otra persona nos desconcierta con una crítica y causa en nosotros una mala conciencia. Entonces, por una parte, es importante trabajarse a sí mismo y, por la otra, admitir que con determinadas personas sencillamente nos es difícil conectar y que cuesta demasiada energía recordar continuamente en el equipo la propia historia vital.

La segunda razón por la que las personas no encajan en un equipo reside en los distintos temperamentos y formas de ser que cada uno representa. Las diferentes formas de ser pueden complementarse entre sí, pero también pueden bloquearse. En el monasterio nos reuníamos todos los lunes con el abad Fidelis para una reunión administrativa.

Éramos seis monjes y a veces nos bloqueábamos unos a otros. Para mí no iba suficientemente rápido y me sentía ralentizado por los demás. Para otros yo iba demasiado rápido y pasaba por alto sus preocupaciones, que me parecían demasiado triviales. Entonces hicimos juntos un curso en el que reflexionamos sobre nuestros propios caracteres y hablamos sobre ello. El abad era una persona, que veía todo muy claro, pero que también quería hacer todo correctamente. Yo, en cambio, soy más bien una persona que quiere resolver los problemas rápidamente y para quien el resultado es más importante que el trabajo esmerado. Debido a estas diferencias a veces nos hemos bloqueado mutuamente. Pero cuando nos dimos cuenta que cada uno tenía una tarea importante en el equipo, conectamos muy bien.

No debemos clasificar los temperamentos. Cada temperamento tiene sus fortalezas y sus debilidades. Debemos aportar nuestras fortalezas al trabajo conjunto y en cuanto a nuestras debilidades, estar abiertos a las fortalezas de los demás. No se trata de compararse sino de respetarse. Cada uno tiene su idiosincrasia y, con sus fortalezas y debilidades, una importante tarea en el equipo. Cuando dejemos de evaluarnos, comenzaremos a escucharnos, a relativizar nuestro propio punto de vista y a abrirnos a otras posibilidades y caminos.

Benito parte del hecho de que la comunidad monástica se mantiene unida. También de que en el monasterio hay diferentes tipos de personas. Pero pide al abad que trate a las distintas personas de tal forma que puedan vivir en paz unas con otras. Probablemente pertenezca también al arte del liderazgo del abad que no solo reúna a los monjes en un trabajo común, sino que también encajen juntos. En cualquier caso, debe dirigirse a cada uno y tratarle de la forma que corresponde a su naturaleza:

*Sepa también cuán difícil y ardua es la tarea que emprende, pues se trata de almas a quienes debe dirigir y son muy diversos los temperamentos a los que debe servir. Por eso tendrá que halagar a unos, reprender a otros y a otros convencerles; y conforme al modo de ser de cada uno y según su grado de inteligencia, deberá amoldarse a todos y lo dispondrá todo de tal manera que, además de no perjudicar al rebaño que se le ha confiado, pueda también alegrarse de su crecimiento* (Regla de san Benito 2,31ss).

Si el abad tiene en cuenta a cada uno, es muy probable que, no solamente constituya con los monjes un equipo de trabajo por mandato, sino que lo hará según corresponda a su carácter y circunstancias, y como mejor pueden conectar entre sí. Benito renuncia al llamamiento moral –que unos tengan que cargar con otros– sino que él actúa más sabiamente. Él debe empatizar con cada uno de los hermanos y preguntarse qué necesitan. Esto también incluye conocer qué hermanos necesitan cerca y con quiénes armonizan bien, para que todos estén en paz y el rebaño crezca. En un rebaño de ovejas el pastor también trata de separar a las ovejas que no pueden soportarse entre ellas. Un equipo y una comunidad son siempre algo vivo. Por ello se necesita atención para posibilitar la vida del equipo.

## Cómo constituir el equipo

En la constitución de un equipo debe primar la calidad sobre la cantidad. A veces los equipos son demasiado grandes. Se piensa que cuanta más gente haya en el equipo más efectivo puede ser. Sin embargo, a veces un equipo demasiado grande es incapaz de trabajar bien. Es demasiado pesado. Hay una historia en la Biblia que nos lo muestra claramente. Es la historia de Gedeón. Gedeón fue llamado por Dios para proteger a su pueblo de los madianitas. Entonces él convocó a personas de todas las tribus de Israel a seguirle en la lucha contra Madián. Pero Dios le dice que hay demasiada gente. Entonces Gedeón invita a todos los que tengan miedo a irse a casa. Como consecuencia se van a casa 22000 personas. Pero todavía quedan 10000. Dios le vuelve a decir que son demasiados. Debe probar si los que quedan formarían un equipo que pueda vencer a los madianitas. Los lleva a todos junto al agua y los observa mientras beben. Trescientos hombres lamían el agua con la lengua, como hacen los perros. Los otros se arrodillaron y bebieron el agua llevándosela a la boca con la mano. Gedeón se llevó consigo a la batalla solamente a los trescientos hombres que bebieron el agua como los perros. A los demás los envió a casa. Con estos trescientos venció Gedeón a los madianitas, soplando el cuerno con una mano y sosteniendo una antorcha con la otra. No necesitaron espada para derrotar a los madianitas. Porque éstos se desconcertaron tanto que lucharon entre sí. Así que no derrotaron a los madianitas con la espada sino con la creatividad.

Gedeón comprueba exactamente quién encaja en el equipo. Por una parte está la libertad frente al miedo y por otra la sencillez y claridad de la forma de vida. Pero, además, Gedeón escucha atentamente lo que Dios le dice. Él por sí mismo no tiene solución para el problema de cómo derrotar a los madianitas. Y escucha a Dios. Y Él le muestra una solución creativa. Si los trescientos hombres hubieran luchado con la espada contra los madianitas, habrían perdido. Pero encontraron una solución original y con ella superaron la fortaleza de los madianitas.

Ha habido en las últimas décadas pequeños equipos que han encontrado soluciones creativas. Y han cambiado el mundo, ya sea Bill Gates o Marc Zuckerberg. Siempre han sido equipos de pocas personas, que comenzaron con sencillez y juntas desarrollaron nuevas ideas. En la Biblia, Gedeón escucha las directrices de Dios. Es bueno que el equipo esté abierto a la inspiración que viene del Espíritu Santo. Entonces será más creativo que si se apoya en su propia fuerza.

Estos dos temas, que se encuentran en la historia de Gedeón, también los descubro en la Regla de san Benito: el tema de la prueba y el de la escucha a las directrices de Dios. Los hombres, que quieren entrar en el monasterio, no son aceptados de inmediato, sino que primero son probados. La primera prueba es hacerlos esperar:

> *Cuando alguien llega por primera vez para abrazar la vida monástica, no debe ser admitido fácilmente. Porque dice el apóstol: "Someted a prueba los espíritus, para ver si vienen de Dios". Por eso, cuando el que ha llegado persevera llamando y después de cuatro o cinco días parece que soporta con paciencia las injurias que se le hacen y las dificultades que se le ponen para entrar y sigue insistiendo en su petición, debe concedérsele el ingreso, y pasará unos pocos días en la hospedería* (58,1-4).

Por lo tanto, no hay que hacer publicidad para que venga al monasterio la mayor cantidad posible de personas, lo que hoy en día representaría un gran peligro, dado el descendiente número de vocaciones. También esto puede ser peligroso en la búsqueda de trabajadores, cuando el mercado laboral está vacío. Se toma a cualquiera que se presente. Benito, por el contrario, selecciona y prueba a los jóvenes. Es un triple examen: *Se observará cuidadosamente si de veras busca a Dios, si pone todo su celo en la obra de Dios, en la obediencia y en las humillaciones* (Regla 58,7).

Desde un punto de vista psicológico el examen podría interpretarse de la siguiente manera: se prueba al nuevo aspirante en cuanto a su capacidad emocional, su capacidad para formar equipo y su capacidad o disposición para el desempeño de sus tareas.

El otro tema –el de la escucha de la voluntad de Dios– es repetido una y otra vez por Benito. El abad no debe guiarse por consideraciones puramente económicas, sino que ha de colocar en el centro el cuidado de los hermanos. Y en última instancia se trata de cumplir la voluntad de Dios:

> *Y, para que no se le ocurra poner como pretexto su posible escasez de bienes materiales, recuerde lo que está escrito: "Buscad primero el Reino de Dios y su justicia, y todo eso se os dará por añadidura"* (Regla 2,35, cita a Mt 6,33).

## Armonizar las personalidades entre sí

Jesús llamó a los doce discípulos para ser apóstoles. Cuando se mira la lista de los discípulos, se puede ver qué diferentes son los tipos de persona a los que llama. Se observa que se diferencian por su profesión, su posición y su origen. Hay sencillos pescadores, como Simón y Andrés, que pescan solo con redes. Luego están Santiago y Juan que, con su padre, dirigen una flota pesquera. Eran por tanto de un mayor nivel social. Pero en el ranking de los Apóstoles Pedro, el sencillo pescador, es el primero. Luego está Mateo, el recaudador de impuestos. Los recaudadores eran considerados pecadores. A menudo explotaban a la gente humilde, exigiéndoles tributos excesivamente altos. La mayoría de los discípulos eran de Galilea, solo de Judas Iscariote se dice que era de Judea.

Sus nombres nos indican la diversidad de caracteres y del entorno social. Hay nombres puramente arameos. Otros dos llevan un nombre griego: Andrés y Felipe. Los nombres indican la cultura griega, en la que ambos fueron educados. Y hay dos, cuyo nombre arameo ha sido grecizado, que eran conscientes de sus raíces judías pero que, sin embargo, estaban abiertos a la cultura griega, que también había arraigado en Galilea: Bartolomé y Mateo. Hay, por tanto, en el círculo de Jesús, hombres que pensaban como judíos tradicionales.

Había también hombres que estaban influenciados por la cultura griega. De Simón, llamado por Marcos, el "cananeo", dice Lucas: "llamado el zelote" (Lc 6,15). En ese momento, los zelotes eran los partisanos, que luchaban violentamente contra los romanos. Algunos exegetas son de la opinión que también Judas Iscariote pertenecía a los zelotes. Relacionan la palabra "Iscariote" con "sicario", que significa "hombres de la daga". Eran zelotes, que llevaban una espada curva debajo de sus ropas y con ella asesinaban secretamente a los soldados romanos. Por tanto, también en cuanto a la orientación política, Jesús llama a discípulos de diferentes partidos.

Jesús da un nombre nuevo a tres discípulos. A Simón le llama Pedro, piedra, roca. Le confía que será la roca sobre la que fundará la comunidad. Y así como Abrahán fue llamado roca, debe ser Pedro una roca en medio de las turbulencias que la pequeña comunidad debe sufrir después de la muerte de Jesús. Es sorprendente que Jesús precisamente llame roca, a ese Simón, que a menudo es tan impetuoso, y que es representado por todos los evangelistas como alguien que promete mucho a Jesús, pero luego lo niega antes de su muerte. Pero Pedro se arrepiente de su negación y se convierte en el testigo más claro de Jesús. Él lo llama Mesías.

También a los hermanos Santiago y Juan les da Jesús un nombre. Los llama "Boanerges". Marcos traduce la palabra por "Hijos del trueno". Algunos exegetas interpretan la palabra como "hijos de agitación". Los ponen a los dos cerca de los zelotes. Lucas la interpreta más bien como una expresión para personas agresivas y alborotadoras. Él nos narra que los dos se enfadaron desmesuradamente cuando los samaritanos no quisieron dar alojamiento a Jesús que iba camino de Jerusalén. Y dijeron a Jesús: *Señor, ¿quieres que digamos que baje fuego del cielo y los consuma?* (Lc 9,54).

Son, por tanto, personas apasionadas que se enojan rápidamente y están llenas de pensamientos agresivos. Es sorprendente que Jesús pudiera formar una comunidad con personas tan diferentes. Pero también es una imagen de esperanza para nosotros. La Iglesia es hoy tan variada como la pequeña comunidad de los doce apóstoles. Y esto sirve también para una empresa: allí se encuentran los tipos de personas más diversos, que normalmente nunca se reunirían. Sin embargo, cuando existe un líder, que es capaz como Jesús, de conectar entre sí personas muy distintas, estas pueden trabajar juntas. Y tienen en sí la fuerza de conquistar el mundo entero.

La pequeña comunidad de los doce apóstoles ha llevado la Buena Noticia de Jesús a todo el mundo y lo ha transformado. Si los líderes logran conectar entre sí las personas más diversas, entonces logran algo grandioso. Crean una cultura que influye más allá de la empresa, en toda la sociedad. Sin embargo, todos los evangelistas nos dicen que un miembro del grupo traicionó a Jesús: Judas. También esto es una realidad, incluso en un buen equipo puede haber un traidor. Esto es doloroso, pero debemos contar con esta realidad. Al grupo de los apóstoles no le hizo daño a la larga que uno se escapara y traicionara a Jesús. Y, después de la Resurrección de Jesús, eligieron a Matías, para que el equipo de los doce volviera a estar completo.

Hoy hay muchas empresas con un emplazamiento global. Para ellas trabajan empleados de muchas nacionalidades, culturas y religiones. Si una empresa lograr aceptar la diversidad de miembros y formar con ellos una comunidad, entonces realiza una gran contribución a la paz en la sociedad. De esta forma los contrastes entre cultura y religiones son superados a través del trabajo conjunto y se abren caminos para que las personas interactúen juntas fueran de la empresa. La meta común de una empresa puede unir entre sí a personas de diferentes culturas. Ese es hoy un gran desafío. Pero también existen ahí a veces renegados que traicionan al jefe y quieren dividir el equipo. Entonces se necesitan figuras integradoras, como Jesús, para, a pesar de ello, mantener unido el grupo.

También Benito cuenta con que haya personas difíciles en el monasterio. Y pide al abad que los integre en la comunidad. Pero también conoce los límites, cuando no puede lograrse la integración. Así escribe en el capítulo sobre los incorregibles:

> *Si después de haber recurrido a las cataplasmas y ungüentos de las exhortaciones, a los medicamentos de las Escrituras divinas y, por último, al cauterio de la excomunión y a los golpes de los azotes, aun así ve que no consigue nada con sus desvelos, recurra también a lo que es más eficaz: su oración personal por él junto con la de todos los hermanos, para que el Señor, que todo lo puede, le dé la salud al hermano enfermo. Pero, si ni entonces sanase, tome ya el abad el cuchillo de la amputación, como dice el Apóstol: "Echad de vuestro grupo al malvado". Y en otro lugar: "Si el infiel quiere separarse, que se separe", no sea que una oveja enferma contamine a todo el rebaño* (Regla de san Benito 28,3-8).

El abad debe hacer muchos esfuerzos para integrar a los hermanos difíciles: exhortaciones, palabras de la Sagrada Escritura, que transformen al hermano y curen sus heridas. Y luego también una exclusión temporal. Por supuesto, los azotes ya no son un medio hoy en día. En aquellos tiempos sí era costumbre. Además, el abad y toda la comunidad deben orar por el hermano. La oración conduce a una nueva visión del hermano. A través de la oración crece en mí la esperanza que el hermano llegue a la paz consigo mismo y de esta forma sea capaz de comprometerse con la comunidad. Solo si todo esto falla, debe el abad hacer un corte. En una empresa eso significaría separar al empleado (echarlo). Benito tiene en mente ante todo el bien de la comunidad. Pero hoy debemos mirar también a aquel del que nos separamos. Debemos también decirle que él puede encontrar una nueva oportunidad en algún otro lugar.

## Complementarse

Los diferentes tipos de personalidad en una empresa pueden rozar entre sí y culparse mutuamente. Pero también pueden complementarse. Esto se logra cuando las aristas extrañas que perciben en los demás, también las reconocen en sí mismos. Entonces no tienen que luchar contra lo extraño que ven en los demás. Lo que ven raro en los demás les hace recordar a lo raro que hay en sí mismos y se reconcilian con él. De esta forma de dejan enriquecer por los colegas distintos y descubren en sí mismos la diversidad de sus propias aptitudes.

Lucas nos habla de la tensión y del enriquecimiento entre los diferentes lados. Jesús está de camino con sus discípulos y van a casa de las hermanas Marta y María. Al parecer Jesús era amigo de la familia. Marta se puso a trabajar de inmediato. Empezó a poner la mesa. Preparó la comida y la bebida, para que Jesús y sus discípulos pudieran reponerse. Su hermana María, sin embargo, estaba sentada a los pies de Jesús. Ella escucha simplemente lo que tiene que decir. Esto molestó a su hermana Marta. Llena de agresividad le dice a Jesús: *Señor, ¿te parece bien que mi hermana me deje sola con las faenas? Dile que me ayude* (Lc 10, 40).

Pero Jesús defiende a María, respondiendo a Marta: *Marta, Marta, tú te preocupas y te apuras por muchas cosas, y sólo es necesaria una. María ha escogido la parte mejor y nadie se la quitará* (Lc 10,41s).

Muchas amas de casa, que se preocupan por la hospitalidad, se alteran con esta historia. Se sienten minusvaloradas en su trabajo. Pero también personas que trabajan mucho en su empresa, que se hacen responsables de todo y se comprometen con la compañía, reaccionan igualmente molestas ante esta historia. Tienen la impresión de que otros colegas se llevan la mejor parte del pastel y les dejan el trabajo duro. La historia se puede interpretar de dos formas. La primera interpretación se refiere a las diferentes personalidades. En todas las empresas existen los tipos Marta y María. Ambas tienen un trabajo importante. No se trata de jugar uno contra el otro. Se necesita el tipo-Marta, que enseguida arriman el hombro, ven lo que hay que hacer y lo hacen. Pero también se necesitan los otros que, como María, se toman tiempo para escuchar con atención.

¿Cuáles son los deseos más profundos de los empleados? ¿Cuáles son los anhelos de las personas? Algunas empresas comienzan simplemente a trabajar. Producen cada vez más y cada vez más efectivamente. Pero no se preguntan si sus productos todavía responden a los deseos de la gente. ¿Qué necesita realmente la gente? Si en una empresa excluimos el tipo-María pronto la empresa producirá productos que no interesan al mercado. Trabaja mucho. Pero se extraña de que ya no van bien las tiendas porque las necesidades de las personas han cambiado. En una empresa, por lo tanto, se necesitan siempre ambos tipos. Si pueden estar ambos, se complementan entre sí.

Pero también se necesita al Jesús entre nosotros que otorga derecho al tipo-María. Los tipo-Marta reaccionan a menudo de manera agresiva frente a los tipo-María. En la narración

Marta se muestra enfadada. Hace reproches a Jesús. Él no debería hablar con su hermana, sino más bien debería decirle que la ayude. Le deja todo el trabajo, todo el servicio a ella sola. Esta agresividad muestra que Marta no está satisfecha con su trabajo. No se entrega desinteresadamente al trabajo, sino que tiene intenciones ocultas. Desea trabajar bien para quedar ante Jesús y sus discípulos como una buena anfitriona. Desea que Jesús se fije en su trabajo. Pero Jesús distingue más a su hermana. Marta se siente en desventaja. Ella sabe hacer todo, pero el cariño lo recibe su hermana.

Todos conocemos ese mecanismo en nosotros. Trabajamos con gusto. Pero queremos ser notados. Queremos brillar y recibir atención y alabanza. Y cuando otros que se toman tiempo para la conversación, reciben el reconocimiento, nos ponemos celosos y agresivos. En una empresa habría que asegurar que ambos trabajan bien juntos y que ambos reciben la atención y la afirmación necesarias. Entonces Marta y María podrían complementarse y trabajar juntas por el bien de la empresa.

Podemos también ver a Marta y María como las dos partes que hay en cada uno de nosotros. Marta es nuestra parte activa. Pensamos que ya sabemos qué es lo que hay que hacer. Y comenzamos a trabajar. Hacemos mucho por los demás. Nos movilizamos por ellos, por la empresa. Pero no nos cuestionamos si todo lo que hacemos es necesario. Por pura adicción al trabajo no escuchamos lo que podría hacer avanzar a la empresa. No escuchamos nuestros impulsos interiores que nos dicen que también necesitamos tiempo para nosotros mismos, para que podamos oír nuestra suave voz interior. La Marta que hay en nosotros suele ser más ruidosa que nuestra María. Porque Marta puede mostrar algo. ¡Hacemos tanto! ¡Es todo tan útil! Cuidamos a los huéspedes, cuidamos a los colegas, a los clientes. Todo lo que hacemos está bien. Pero por puro trabajar pasamos por alto lo que propiamente es importante. Por eso debe Jesús tomar partido por María en nosotros. Debe defender su derecho. Necesitamos tiempo de silencio, tiempo de reflexión, tiempo de escuchar nuestra voz interior, pero también tiempo de escucha a lo que los demás tienen que decirnos, donde nos cuestionan.

Cada uno de nosotros experimenta en sí mismo a Marta y a María. Pero con frecuencia nuestra Marta se muestra insegura por nuestra María. Y reaccionamos a ello exactamente igual de agresivos que Marta en la narración de Lucas. Simplemente no hay tiempo para reflexionar. Ahora es el tiempo de la acción. La reflexión es un círculo narcisista alrededor de uno mismo. Devaluamos a la María de nuestro interior. Pero Jesús fortalece la María que hay en nosotros. Es bueno tomarse un tiempo para escuchar con atención lo que Dios quiere de nosotros, cómo debe ser diseñado con sentido nuestro trabajo a largo plazo, qué hacemos realmente por los demás y cómo podemos satisfacer mejor sus necesidades.

Al recibir a los invitados los monjes deben vivir tanto en el lado de Marta como en el de María. Benito se encarga del bienestar corporal de los huéspedes con una cocina propia para ellos. Sin embargo, tan pronto como se anuncia la llegada del huésped, lo primero que se debe hacer es rezar juntos. Se debe, por tanto, escuchar la voz de Dios. ¿De qué se trata ahora? ¿Se trata solamente de proporcionar a los huéspedes una estancia agradable? ¿O se trata de acoger en los huéspedes a Cristo mismo, el que a veces por medio de un huésped puede decirnos lo que es bueno para los monjes?

> *Una vez que ha sido anunciada la llegada de un huésped, irán a su encuentro el superior y los hermanos con todas las delicadezas de la caridad. Lo primero que harán es orar juntos, y así darse mutuamente el abrazo de la paz. Este ósculo de paz no*

*debe darse sino después de haber orado, para evitar los engaños diabólicos* (Regla de san Benito 53,3-5).

La oración debe preparar tanto al monje como al huésped a un buen encuentro, un encuentro fructífero para ambos. Y la oración debe abrirnos a lo que el huésped tenga que decir a los monjes. Cuando el huésped es un monje forastero y critica algo o llama la atención sobre algo que encuentra inapropiado: *Medite el abad prudentemente si el Señor no le habrá enviado precisamente para eso* (Regla 61,4).

La oración hace que el abad se abra a lo que Cristo mismo desea decir a los monjes por medio del huésped. La oración es, por tanto, similar a la escucha que hace María de las palabras de Jesús. No se trata solamente de atender al huésped, sino también de escuchar el mensaje que él desea anunciar a la comunidad.

## Tensión e identidad

Nos gustaría que los equipos en nuestro puesto de trabajo estuvieran constituidos por personas que se llevaran bien. Los miembros se suelen entender bien y encontrarse bien en el grupo. Pero hay que prestar atención a que si todo es demasiado armonioso, si todo el mundo está preocupado por el bienestar, entonces el equipo tampoco funcionará de manera efectiva. Si los miembros están demasiado focalizados en la armonía, no se cuestionan a sí mismos. Una tensión sana aumentaría el rendimiento del equipo. Sin embargo, esta tensión sana solo puede surgir allí donde los miembros del equipo son conscientes de la propia identidad.

Encontramos nuestra propia identidad a medida que atravesamos todas las fortalezas y debilidades y reconocemos en el fondo de nuestra alma nuestro verdadero yo.

¿Qué es este yo que mantiene unidos en nosotros todos los contrastes? Cuando conocemos nuestra propia identidad también podemos respetar la identidad del otro. La identidad no tiene nada que ver con el egoísmo, sino con un claro autoconocimiento, que es el requisito previo para respetar a los demás en su individualidad y para reconocer su valor.

Esto es lo que nos muestra la historia de Pedro y Pablo. Ambos eran personalidades diferentes. Y peleaban entre sí de forma vehemente. Pero los dos eran importantes para el desarrollo de la Iglesia. Lucas nos describe el conflicto entre Pedro y Pablo de modo algo distinto a como lo hace el mismo Pablo. Lucas nos cuenta que Pablo y Bernabé vinieron a Jerusalén para aclarar en un Concilio con los apóstoles la cuestión de la circuncisión, es decir, si los gentiles debían someterse a ella, como hacían los judíos, o bien, si debían ser aceptados como tales en la comunidad de la Iglesia. El evangelista describe cómo Pedro toma partido por los gentiles y de esta forma facilita a Pablo mantener su posición. Acuerdan que tanto los gentiles como los judíos son salvados por la gracia de Jesús y no por la observancia de la ley. Esta fue la resolución tomada por el Concilio. Y todos quedaron contentos (Hch 15,6-29).

En la carta a los Gálatas, sin embargo, Pablo nos describe el conflicto un poco diferente. Primero dice también que él estaba en Jerusalén y que Pedro y el resto de los apóstoles les habían tendido la mano en señal de comunión. Todos vieron que a Pedro "la había sido confiada la evangelización de los circuncisos" (Gál 2,8), mientras que Pablo tenía la tarea de anunciar el mensaje de Jesús entre los gentiles. Pero Pedro fue una vez a Antioquía para visitar a la comunidad. Al principio Pedro comía en la mesa con los gentiles. Pero entonces vinieron a Antioquía los círculos conservadores, alrededor de Santiago [el menor], y Pedro se adaptó a sus ideas y se retiró de los gentiles. Pablo se enfrentó a él y lo criticó severamente. Para él no era una cuestión de respeto sino una cuestión teológica, si la salvación viene por Jesús o por la Ley.

En esta descripción que hace Pablo se nota que tenía un carácter distinto al de Pedro. Es verdad que a Pedro se le describe en los evangelios como impulsivo y entusiasta. Pero Lucas lo describe en los Hechos de los Apóstoles más bien como un hombre de reconciliación. Él quiere reconciliar los dos lados de la Iglesia. Pablo es más bien el teólogo a quien importa que la enseñanza sea correcta. Y es más agresivo. En su agresividad está más preocupado por la Ley que por una prudente y equilibrada coexistencia de judíos y gentiles, de cristianos conservadores y progresistas. Pero precisamente porque son personalidades diferentes fueron una bendición para la Iglesia primitiva. Sin Pablo no hubiera sido llevada la Buena Nueva a todo el mundo. Sin Pedro la unidad de la Iglesia se habría roto muy rápidamente. La tensión entre los dos mantuvo viva a la Iglesia.

Así sucede también en un equipo. Necesita personas que desarrollen ideas nuevas, aunque estas les produzcan miedo a algunos del grupo. Necesita personas que se cuestionen todo y no sigan simplemente haciendo las cosas como siempre se han hecho. Pero también hacen falta personas que mantengan unido al grupo, y cuiden de que todos puedan aceptar las nuevas ideas y métodos. Hacen falta personas que van rápido y hacen falta personas que mantienen. Un equipo necesita "cerebros" y también necesita a los que miran más a las personas y a sus necesidades. Si las ideas solamente vienen de la cabeza pueden abrumar a las personas. Es importante tener en cuenta los sentimientos y prestar atención a las relaciones. Si las ideas dividen al equipo, no podrá trabajar junto de manera efectiva. Pero si solo se presta atención a las relaciones y se bloquea cada nueva idea que pueda surgir por temor al desasosiego, el equipo tampoco dará fruto.

No siempre es fácil soportar la tensión que surja en una empresa o en un equipo. Las tensiones pueden también paralizar un equipo. Se necesita la tensión sana que genera energía. La electricidad también se produce debido a una tensión. Para que la tensión no sobrecaliente el equipo, o lo paralice, se necesitan personas que puedan soportar la tensión en sí mismas. Cada uno de nosotros tiene en su interior ambos polos: liderar y mantener, la orientación hacia nuevas ideas y la orientación hacia la comunidad, que nos apoya. Si juntamos bien ambos polos en nosotros, entonces también lograremos aprovechar las tensiones del equipo para generar energía.

En el monasterio benedictino el abad tiene una posición fuerte. Él es el responsable de todo. Sin embargo, Benito desea que él comparta su poder. Unas veces son los decanos, que él elige a fin de dividir la gran comunidad en grupos pequeños.

> *Sean constituidos como decanos, para que con su solicitud velen sobre sus decanías en todo, de acuerdo con los preceptos de Dios y las disposiciones del abad. Sean elegidos decanos aquellos con quienes el abad pueda compartir con toda garantía el peso de su responsabilidad. Y no se les elegirá por orden de antigüedad, sino según el mérito de su vida y la discreción de su doctrina* (Regla de san Benito 21,2-4).

Benito, por tanto, tiene en cuenta que los decanos dirijan las decanías según disponga el abad. Si se vuelven orgullosos y presumen de su encargo, el abad debe reprenderles y, si se da el caso, destituirles. Lo mismo sirve para el prior. Para Benito es un objetivo que no haya división en la comunidad. Obviamente ha tenido para este momento dolorosas experiencias en otros monasterios e incluso en su propia comunidad. Pero en cuanto el poder se comparte, siempre hay tensión. Es importante soportar y resolver esta tensión de una manera leal y honesta. Entonces se convertirá en una bendición para la comunidad. En la tradición benedictina se ha reconocido que siempre es bueno que el abad constituya como prior a alguien que no sea exactamente como él. Si el abad es estricto, el prior debería tener un gran corazón. Si el abad es un tipo paternal, entonces el prior puede ser alguien que vele más por la disciplina y el orden. Pero esta tensión no debe dividir sino debe ser utilizada para el bien de la comunidad.

# Equilibrio

## Encontrar la tranquilidad

Muchas personas sufren porque, debido al mucho trabajo, no pueden encontrar reposo. Pero cuando, por una vez, no pasa nada, tampoco saben gozar del descanso y no saben qué hacer con el tiempo libre y la tranquilidad. Experimentan un vacío o directamente caen en el pánico. Porque cuando exteriormente no pasa nada tendrán que enfrentarse consigo mismos. Y de puro miedo prefieren comenzar a hacer algo en vez de ocuparse de ellos mismos. Podrían emerger pensamientos desagradables, por ejemplo, que no están conformes con su vida, que pasan por la vida sin vivirla, que ya solo es una rutina vacía.

Jesús se ha dirigido a esas personas que nunca encuentran reposo. Y nosotros podemos aplicar sus palabras a nuestro ajetreo y agobios, originados por nuestro trabajo. Jesús dice: *Venid a mí todos los que estáis fatigados y sobrecargados, y yo os daré descanso* (Mt 11,28).

Jesús se dirige a los que luchan, a los que se atormentan, a los que se fuerzan a sí mismos para obtener resultados. Y se dirige a los que llevan cargas pesadas, la carga de la vida, pero también la de la profesión. Se sienten abrumados. La presión desde arriba pesa mucho sobre ellos o se someten a presión ellos mismos porque quieren hacer todo bien. Jesús habla a personas que les parece estar girando en una rueda de hámster y no pueden parar nunca. Incluso en casa no encuentran reposo. Los pensamientos sobre el trabajo los persiguen y los problemas de familia los sobrecargan. Así que tienen la impresión de tener que llevar cargas en todas partes. Y tienen miedo de colapsar bajo la carga.

Jesús muestra a esas personas una manera de descansar. Les invita sencillamente a serenarse, a no pensar en nada, a respirar pausadamente y a disfrutar de la tranquilidad. Jesús ciertamente sabe que también se necesita una actitud interior para poder disfrutar la paz. Por eso lleva a sus discípulos a su escuela: *Tomad sobre vosotros mi yugo, y aprended de mí, que soy manso y humilde de corazón; y hallaréis descanso para vuestras almas* (Mt 11,29).

Solo podemos encontrar la paz en nuestra alma si aprendemos de Jesús a ser mansos y humildes. Manso significa, mirar con suavidad a lo que surge de nosotros en el silencio, no para juzgarlo, sino simplemente para presentarlo a la bondad de Dios. Humilde significa tener coraje para bajar al caos de los propios sentimientos. En nosotros se puede dar lo caótico, oscuro, agresivo, insatisfecho, angustioso. No debemos tener miedo a que se abra camino y salga.

El psicoterapeuta suizo Carl Gustav Jung llama a este caos la sombra. Descendamos a la agresión reprimida, a la sexualidad suprimida, a la envidia contenida, y a la depresión. En su encarnación Jesús ha descendido a las profundidades de nuestra humanidad para que nosotros tengamos el coraje de descender también a lo más profundo de nuestra alma. Podemos confiar en que la luz de Jesús brille en el fondo de nuestra alma. Debido a que sabemos que existe esa luz interior en el fondo de nuestra alma, podemos atrevernos a descender a nuestro corazón a través de la oscuridad, al espacio interior de la quietud y el silencio, que ya está en nosotros, pero del que estamos separados bastante frecuentemente.

El teólogo Hubertus Halbfas lo ha explicado con la imagen del pozo. Tres hermanos quieren bajar al pozo para sacar el agua que necesitan para vivir. Pero el agua está muy profunda en el fondo del pozo. El camino hacia esta agua vivificadora pasa por lo oscuro, resbaladizo, húmedo, desagradable. Los dos primeros hermanos se asustan en cuanto el pozo se convierte en estrecho y húmedo. Y piden ser izados otra vez con la cuerda. Solo el más joven no tiene miedo. Logra llegar al fondo del pozo y encuentra el agua excelente y refrescante. Cuando nos adentramos con Jesús en el pozo de nuestras almas podemos confiar en que encontraremos el agua de la vida. Y allí, en el fondo de nuestra alma, encontramos también el verdadero reposo. Allí podemos descansar. Allí no llega el zumbido atronador del mundo superior, ni los propios pensamientos ruidosos, ni los deseos y expectativas de otras personas, ni sus críticas o sus palabras hirientes. Allí abajo encontramos descanso. Y nuestra alma se refresca y se fortalece.

Benito se asegura de que los monjes, sea cual sea su trabajo, encuentren también siempre tiempos de descanso. Él reserva siete momentos al día para la oración en común. La oración interrumpe el trabajo y permite al monje pacificarse ante Dios. Benito, sin embargo, no solo conoce la oración comunitaria, que permite pausas de reposo a lo largo del día. Él invita también a los monjes a la oración personal. Entiende esta oración no como un mérito sino como el lugar donde el monje se encuentra a sí mismo ante Dios. Esto queda claro en su instrucción sobre la oración personal: *Y pensemos que seremos escuchados no porque hablemos mucho, sino por nuestra pureza de corazón y por las lágrimas de nuestra compunción* (Regla de san Benito 20,3).

Lo que Benito quiere decir con esta frase solo podemos entenderlo si la ponemos en relación con la tradición de los primeros monjes. En la oración se trata de la purificación del corazón. El corazón debe ser purificado en la oración de las emociones y pasiones que nos intranquilizan. Cuando estemos libres de ellas, encontraremos la paz interior.

El otro término utilizado por Benito *compunctione lacrimarum* (lágrimas de compunción) se refiere a la experiencia de uno mismo y al encuentro con uno mismo. En la oración me encuentro con mi propia verdad. Y esto no siempre es agradable. Cuando realmente me enfrento a mis propias zonas oscuras, a mi caos interior y a mi mentira interior, eso se expresa con lágrimas. Pero estas lágrimas no son solo lágrimas de arrepentimiento sino a la vez de alegría por la experiencia de la paz interior, que se hace posible, porque yo, así, tal como soy, soy totalmente amado por Dios. Este honesto encuentro con uno mismo, que se expresa en lágrimas, me da realmente paz. Y desde esta paz interior puedo yo trabajar de manera diferente.

## Equilibrio entre trabajo y familia

Hoy se habla con frecuencia del *Work-Life-Balance*, del equilibrio entre vivir y trabajar. Se puede lograr este equilibrio reservando tiempo suficiente para la familia y para el tiempo libre. Es importante establecer tiempos-tabú para la familia y para las propias necesidades: caminar, escuchar música, leer. Son tiempos protegidos, en los que nadie puede penetrar. La empresa no tiene ningún acceso a estos tiempos. Son tiempos sagrados, que me pertenecen a mí y a mi familia. Este tiempo sagrado transforma también el resto del tiempo, porque siento que el tiempo que dedico plenamente al trabajo no puede atraparme o determinarme. Yo tengo también cada día un tiempo protegido. Los rituales son una excelente manera de reservarse cada día ese tiempo sagrado. Entonces es cuando tengo la sensación de vivir yo mismo en lugar de ser vivido.

Pero también es una cuestión de actitud interna, darse cuenta que estos tiempos sagrados son importantes. Esta actitud está expresada en las palabras de Jesús: *¿De qué le servirá al hombre ganar el mundo entero, si arruina su vida? O ¿qué puede dar el hombre a cambio de su vida?* (Mt 16,26). En griego está el término *psiqué*, que puede significar tanto vida como alma. La causa por la que nos salimos del equilibrio de trabajo y familia, de trabajo y tiempo libre, es la tendencia a querer ganar el mundo entero. Queremos tener éxito. Queremos superar a nuestros colegas con nuestros resultados. Queremos ser los vencedores. Pero, por pura mentalidad de vencedores, perdemos lo esencial: la calidad de vida, la vivacidad, la vida en la familia. Y al final perdemos nuestra alma. La lengua china ha expresado estas palabras de Jesús en un solo signo. El signo chino para la ocupación está compuesto de dos imágenes: la imagen del corazón y la imagen de la muerte. Quien está demasiado ocupado, su corazón está muerto, muere interiormente. Pierde su corazón, su alma, su vivacidad.

El término equilibrio no expresa exactamente lo que queremos decir con un buen balance entre trabajo y familia, entre trabajo y tiempo para mí. Porque equilibrio (en alemán, *Gleichgewicht*) significa propiamente que todo tiene el mismo peso, pesa lo mismo, que todas las áreas tienen el mismo valor. En realidad, se trata que la vida fluya en nosotros. La psicología habla de sentimiento de flujo. Las diferentes áreas deben estar conectadas de tal manera entre sí que la vida fluya. Puede ser que el trabajo sea tan agobiante que la vida ya no fluya en mí. Cada uno debe saber su propia medida, cuánto puede trabajar, para que su vida se mantenga en movimiento. Y esto no depende solo de la cantidad externa de tiempo sino también de la medida interna: ¿En qué lugar de valoración coloco yo el trabajo? ¿Con qué actitud interna trabajo? Solo encontraré un equilibrio entre el trabajo y las demás áreas de mi vida, si todo fluye desde el manantial del fondo de mi alma, en realidad desde el manantial del Espíritu Santo. Entonces ya no se trata de determinar tiempos fijos para el trabajo, la familia y el tiempo para mí mismo, sino de determinarlos para la conexión interna. Cuando esa conexión se produce los polos no se molestan, sino que se complementan entre sí.

¿Qué podemos hacer para lograr un equilibrio interior entre el trabajo, la familia y el espacio vital privado? Una forma importante para mí es escuchar a mi alma, a mi corazón y a mis sentimientos. Si mi alma me refleja la impresión de vacío, es una señal de alarma de que estoy a punto de perder mi alma. Por tanto, es importante prestar atención a las señales del alma. ¿Qué quiere decirme? ¿Qué desea? ¿A qué me está instando? Con frecuencia el alma sabe exactamente lo que le hace bien. Nos invita a sentarnos de nuevo al piano y sencillamente a tocar, sin la presión de tener que tocar para alguien. Nos invita a coger un libro y a sumergirnos en el mundo al que el libro nos quiere llevar. Nos invita a hacer una excursión con la familia y a pasar tiempo juntos. Y nos invita finalmente a hacer silencio, y a disfrutarlo, a disfrutar sencillamente de que existimos, sin justificarnos y sin tener que mostrar nada.

Los datos del marco externo son importantes para el equilibrio entre trabajo y familia. Más importante aún es escuchar a tu propia alma, detectar lo que es vital ahora para mí y para mi familia. Solo cuando haya reconocido el valor de la familia me reservaré también tiempo para ella. En este intento de reservarme tiempo para mí y para mí familia, la palabra de Jesús puede ser una ayuda decisiva.

Con solo susurrar la palabra de Jesús todas las medidas recuperarán su correcto valor. De repente, todas las razones por las cuales tenía que trabajar más y tenía que tener más éxito, habrán perdido su poder. En mi corazón surge una idea diferente: la idea de que se trata de la vida, del amor y del alma. El alma no debe ser circuncidada, quiere volar libre, quiere respirar e inspirarme en todo lo que haga.

Prestar atención a la propia alma es lo que Benito pide sobre todo al mayordomo: *Vigile sobre su propia alma* (Regla de san Benito 31,8).

El mayordomo no debe lanzarse al trabajo de tal forma que se olvide su propia alma. Vigilar el alma significa estar atento a los sentimientos de su propio corazón y preguntarse si el alma está en armonía con Dios. Cuando el alma está turbada, entonces el mayordomo debe cuidarse bien, para que pueda *aequo animo*, con paz interior, realizar su tarea.

Todavía en otro lugar escribe Benito sobre la atención al alma. El abad debe ordenar de tal modo las horas de las comidas, que no sufran las almas de los hermanos: *Ha de regular y disponer todas las cosas de tal modo, que las almas se salven y los hermanos hagan lo dispuesto sin justificada* murmuración (Regla de san Benito 41,5).

El horario del día y los tiempos de las comidas deben estar regulados, de tal forma que haga bien a las almas de los monjes, para que tengan salud, se salven y permanezcan sanos. El abad, por tanto, no debe mirar a la efectividad del trabajo sino a la salvación de las almas.

## Desasirse del trabajo (jubilarse)

Muchos apenas pueden liberarse del trabajo durante su vida laboral, porque se definen a sí mismos a través de su trabajo. Cuando llegan a casa por la tarde, sus pensamientos siguen girando en torno al trabajo. Porque el trabajo constituye su vida. Se descuidan a sí mismos y a su familia. Para estas personas la jubilación es un paso difícil, porque sienten cuánto ha dominado su vida el trabajo y el papel que han jugado en la empresa. El trabajo era para ellos el único valor. Eran necesarios. Eran solicitados. Eran importantes para los clientes y para la empresa. Cuando me jubile, ya no me puedo definir por mi trabajo y tampoco por el papel que desempeñé en él. Aunque tarde, ahora llego a saber quién soy yo como persona. ¿Cómo deseo definirme ahora? ¿Y qué significa dejar de trabajar?

La Biblia nos muestra un hermoso ejemplo de desasimiento en la historia de la salida de Abrahán de su tierra. Abrahán tenía ya 75 años, cuando partió. De todas formas, dice la Biblia que él llegó a los 175 años, aunque no hay que tomar estas cifras literalmente. Abrahán, obviamente, se enfrentó al desafío de continuar como hasta entonces o comenzar de nuevo. La Biblia habla de una triple partida. Abrahán debía abandonar su tierra, sus parientes y la casa de sus padres (Gn 12,1ss). Los monjes han entendido este pasaje de tres formas:

Abrahán debe abandonar todas las dependencias y apegos, todo a lo que estaba acostumbrado. La situación laboral se convierte para nosotros en costumbre a lo largo de los años. Ahí nos sentimos seguros y en casa. Pero ahora debemos desasirnos de lo acostumbrado. Eso asusta. Abrahán en su salida es modelo de fe. Yo puedo desasirme cuando confío que Dios me dará algo nuevo.

La segunda forma es la salida de los sentimientos del pasado. Hay pensionistas que están hablando siempre de su trabajo, de lo que han hecho y de lo mucho que han realizado en la empresa. Viven totalmente en el pasado. Y así se bloquean a sí mismos. No están abiertos al momento presente. Algunos solo hablan de las heridas que han experimentado, bien de las lesiones que sufrieron en su niñez o las enfermedades que han padecido durante su vida profesional. También de estos sentimientos debemos desasirnos para poder estar completamente en el hoy. Podemos desde luego recordar agradecidos todo lo que hemos hecho en el trabajo, pero no podemos asirnos a estos sentimientos del pasado.

La tercera salida sería el abandono de lo visible. El mundo del trabajo era concreto, era visible. Entonces podíamos mostrar algo a los demás. Ahora debemos marchar hacia algo que es invisible: hacia el misterio de nuestra propia persona y hacia el misterio de Dios, invisible e incomprensible. Carl Gustav Jung cree que solo permanece vivo quien se pone en camino hacia el misterio incomprensible de Dios, el que está abierto a la trascendencia, abierto a lo que nosotros no podemos hacer, producir u organizar.

Con el éxodo de Abrahán, la Biblia nos muestra cómo podemos superar con éxito la salida del mundo del trabajo hacia el mundo de la jubilación. Es, en definitiva, un reto espiritual. Yo abandono muchas cosas que han crecido conmigo y que me han conformado. Dejo atrás los papeles que he jugado. Dejo atrás aquello a lo que me he aferrado y desde donde me he definido. Y ahora me pongo en camino hacia mi verdadero ser, hacia el misterio más profundo de mi persona, me pongo en camino hacia Dios, el Dios que es siempre nuevo e incomprensible. En mi trabajo encontré muchas cosas que me han dado forma. Ahora estoy de nuevo en camino de búsqueda. Eso se convierte ahora en la tarea de mi vida: ser una persona que busca y cuestiona. Esto me mantiene vivo. Tengo curiosidad por cuestionar todo y mirar cada vez más detrás de los visillos para adivinar algo del misterio del ser humano y del misterio de Dios.

Hubo en el monacato el movimiento de los monjes errantes, que siempre estaban en camino para salir del mundo e ir a Cristo. San Benito deseaba monjes que prometieran la *stabilitas*, es decir, la permanencia. Sin embargo, él incorpora el ideal de los monjes errantes. La verdadera peregrinación, la verdadera emigración es para él el silencio. En el silencio, emigramos del mundo de la charla, del mundo en el que valemos algo, del mundo en el que nos metemos en la conversación. Y Benito entiende la vida del monje como un camino constante, en el que continuamente se va acercando a Dios:

> *Mirad cómo el Señor, en su bondad, nos indica el camino de la vida. Ciñéndonos, pues, nuestra cintura con la fe y la observancia de las buenas obras, sigamos por sus caminos, llevando como guía el Evangelio, para que merezcamos ver a Aquel que nos llamó a su reino* (Regla de san Benito, Prólogo 20ss.)

Nunca, pues, debemos detenernos, nunca descansar en lo conseguido. El monje es alguien que siempre está en camino hacia Dios. Uno que busca a Dios toda su vida, que nunca cree que posee a Dios. Este movimiento interior exige desasirse continuamente de lo conseguido, abandonar viejas experiencias, para dedicarse a lo nuevo. Y lo Nuevo es definitivamente Dios, que aparece en nuestro camino como el siempre nuevo y distinto.

## Una nueva identidad después de la jubilación

La transición del trabajo a la jubilación tendrá éxito si encontramos una nueva identidad. Hasta ahora nos hemos definido en gran medida en función del trabajo. Éramos estimados. Teníamos un papel claro. Éramos directora de departamento o ingeniero, director de escuela o profesora, éramos médico o terapeuta. Así se dirigían a nosotros. Es lo que definía nuestra identidad y nos daba confianza en nosotros mismos. Pero estos roles se han acabado. Ahora se trata de que yo viva como ese hombre o esa mujer que no puede definirse por su trabajo. Esto requiere una dolorosa despedida de los viejos roles y de mi antigua identidad. Tengo que encontrar una nueva identidad. Tengo que descubrir quién soy como persona única. Ya no sirve lo que he hecho, sino quién soy. Ya no se trata del hacer, sino del ser.

La Biblia nos trae el ejemplo de personas que han hecho mucho en favor de los demás, que tienen que retirarse y encontrar una nueva identidad. Ahí está Moisés, que sacó al pueblo de Israel de Egipto. Tenía que pedir continuamente ayuda a Dios, cuando la gente estaba enfurruñada y se rebelaba contra Él. No le fue fácil conducir al pueblo a la libertad, que se acordaba continuamente de los pucheros de carne de Egipto. Cuando Moisés envejeció se presentó ante el pueblo y dijo: *Ya tengo ciento veinte años. En adelante no podré ejercer ninguna actividad; además, el Señor me dijo: "Tú no pasarás el Jordán"* (Dt 31,2)

Llamó a Josué y *le dijo en presencia de todo Israel: Sé fuerte y valiente. Tú irás con este pueblo hasta la tierra que el Señor les dará, porque así lo juró a sus padres, y tú los pondrás en posesión de ella* (Dt 31,7).

Moisés ve que él ya no tiene fuerza para luchar. Se desliga de su tarea y se la entrega a Josué, su sucesor. Ahora Moisés ya no es considerado líder. Él ha terminado lo que le encomendaron. Él ha conducido a su pueblo hasta la frontera, pero no se le permite entrar en la Tierra Prometida. En el Monte Nebo puede mirar hacia la tierra a la que debía conducir a su pueblo, pero no llegará a vivir la meta de la tarea de su vida. Está solo ante Dios. Ahora ya solo sirve su relación personal con Dios, no su tarea. Y así muere él solo en la montaña. Los israelitas lo enterraron en el valle. Pero *nadie sabe hasta hoy el lugar de su sepultura* (Dt 34,6).

No hay, por tanto, ningún culto al héroe. Su sepultura no se convierte en lugar de peregrinación para los judíos. Solo queda la persona de Moisés, con sus luchas y su voluntad para ponerse a disposición de Dios. Este es un desafío para nosotros: ¿Qué debe quedar de nosotros? Por supuesto que trabajamos bien en nuestra empresa. Tal vez quedará aún mucho de lo que hicimos. Sin embargo, el tiempo pasa sobre nuestro trabajo. Las condiciones económicas cambian. Quizá nuestros sucesores olviden lo que nosotros conseguimos. Pero ahora lo que importa es qué huella de vida quiero yo dejar en este mundo, que puedan recordar los otros cuando yo me muera. Los edificios que he construido siguen ahí. Pero ellos también están siendo renovados y transformados. Lo que realmente queda es la huella de una persona que ha vivido, que ha hablado con otros, que ha trabajado apasionadamente por los otros.

Nuestro hermano Balduino, que es arquitecto, ha construido la mayoría de los edificios que se hicieron en la abadía después de la guerra. Lo hizo con gran pasión y también con gran competencia profesional. Cuando abandonó su tarea con 82 años, vivió todavía 14 años entre nosotros como un hermano servicial, siempre abierto y agradecido. Y nos ha fascinado por su fidelidad a la oración del coro y por su interés en la vida espiritual. Leía libros de espiritualidad y participaba personalmente en conversaciones espirituales. Ya no era el arquitecto, sino un hermano sensible y lleno de amor. Así permanece en nuestra memoria después de morir en paz a la edad de 96 años.

La jubilación me desafía a preguntarme qué es lo que yo, como persona quiero dejar tras de mí. ¿Qué es lo que constituye mi verdadera identidad? ¿Qué es este ser humano, que tanto ha hecho? ¿Qué es lo que me ha impulsado? ¿Qué me sucede cuando estoy solo, sin mi rol en el trabajo? ¿Qué quiero irradiar? ¿Qué huella quiero que deje mi vida en este mundo? Antes de su muerte, Moisés bendijo a su pueblo. De eso se trata en la vejez, de que yo bendiga a las personas, de que les diga cosas buenas. Precisamente, cuando abandono mi propio trabajo, me convierto en una bendición para los demás. Las personas sienten que yo soy más que mis logros. Moisés permanece en la memoria del pueblo como un hombre que se ha movilizado por su pueblo, que ha luchado con Dios, que también podía estar enojado y mostrar su decepción, cuando el pueblo se rebelaba nuevamente contra él. El libro de los Números describe a Moisés como un ser humilde y manso (12,3): *más humilde que hombre alguno sobre la haz de la tierra.*

El pueblo recordaba, incluso siglos después de su muerte, a este hombre humilde, que a pesar de su liderazgo siempre fue una persona que recogió en sí mismo todo lo que poseía de emociones y pasiones, y lo dejó transformar por Dios. ¿Qué deberían recordar las personas cuando piensen en mí? ¿Cuál debe ser mi seña de identidad? De eso se trata después de la jubilación: ser cada vez más ese ser humano único, como Dios me creó, y dejar en este mundo mi rastro personal.

Para san Benito, lo que debe permanecer de un verdadero monje no es lo que haya construido, trabajado, creado, sino la persona en la que se ha transformado. Para él lo importante es que el monje en su vejez permanezca cada vez más abierto y su corazón se dilate cada vez más. Lo que debe permanecer es, por tanto, un corazón grande:

> *Mas, al progresar en la vida monástica y en la fe, ensanchado el corazón por la dulzura de un amor inefable, vuela el alma por el camino de los mandamientos de Dios.* (Regla de san Benito, Prólogo 49).

En la última etapa de la vida ya no se trata del rendimiento, de lo que podamos exhibir ante los demás. Se trata más bien de un corazón grande y por tanto que el último tramo de la vida lo recorramos –como expresa Benito– *inenarrabili dilectionis dulcedine*, con la inefable felicidad del amor, o, como dice literalmente, "con la dulzura inefable del amor". Esto permanecerá en las personas con las que convivimos.

## Convertirse en voluntario nos renueva

Las personas mayores, en particular, después de la jubilación, suelen dedicar su tiempo a personas necesitadas de ayuda. Se hacen voluntarios en las parroquias, en el cuidado de enfermos y mayores, en círculos de Biblia y en obras de diaconado de la Iglesia. Están involucrados en la ayuda a refugiados, en la acogida y en proyectos misioneros. Sin el trabajo voluntario de las personas mayores nuestra sociedad sería mucho más fría. Traen cuidado y amor a la sociedad. Así su vida vuelve otra vez a ser fértil, precisamente, en la vejez.

El evangelista Lucas nos habla en los relatos de la infancia de la fecundidad de las personas mayores. Así Zacarías e Isabel reciben un hijo en su vejez. Matrimonios mayores pueden encontrar una nueva fecundidad. Si envejecen juntos en armonía, son una bendición para su entorno. Y sobre todo son una bendición para sus nietos. En el cuidado de los nietos ganan ellos una nueva fecundidad. Los nietos se sienten comprendidos por sus abuelos, seguros, aceptados sin condiciones y queridos. Y los abuelos los introducen en la tradición familiar y en la fe que los conduce.

Lucas, sin embargo, pone una condición para que los mayores sean fecundos. Zacarías tiene que permanecer en silencio durante nueve meses. Tiene que dejar a un lado las ideas que tiene sobre su mujer –que ella es vieja y estéril– para que pueda surgir lo nuevo en ella y también para él. Es necesario abandonar las viejas imágenes que tenemos de nuestra vida, para que lo nuevo, que Dios nos confía, pueda crecer en nosotros.

Lucas también nos cuenta de dos personas mayores que después del nacimiento de Jesús tuvieron una importante tarea para los padres del Niño, pero también para nosotros, las lectoras y lectores del evangelio. El anciano Simeón y la vieja profetisa Ana reconocieron quién era el Niño. Simeón alabó a Dios porque sus ojos habían visto la salvación, que Dios había preparado a todos los pueblos, *luz para iluminar a las naciones y gloria de tu pueblo Israel* (Lc 2,32).

Simeón reconoce que Jesús no solo es importante para su pueblo, sino que aporta esplendor y belleza a su pueblo hablando de manera diferente de Dios y devuelve al ser humano a su belleza original. Este Niño será también luz que iluminará a los gentiles (las naciones), que hará que el mundo entero brille más. Y Él es también la luz que ilumina todo lo pagano que hay en mí. Esta luz hace que todo lo que es extraño para mí me resulte familiar a través de su amor, de forma que ya no me parezca oscuro sino algo que me pertenece, que puedo comprender y que eso lo convierte en luz.

Allí está también, Ana, la mujer que ha experimentado todo lo que es posible a un ser humano. Era virgen, luego casada y ahora es viuda. Ella estaba siempre en el tempo alabando a Dios. Cuando María y José llevaron el Niño al templo, hablaba a la gente sobre el Niño. Esto llenó el anhelo de salvación de las personas, de su liberación y de la curación de sus heridas. Ambos ancianos desarrollan su fecundidad al reconocer el misterio del Niño Jesús. Su sabiduría se convierte en una bendición para las personas.

La fecundidad de los mayores puede, por tanto, consistir en ambas facetas: en la dedicación concreta a otras personas, en las muchas ayudas que realizan a los demás, pero también en una nueva mirada hacia las cosas. Las personas mayores miran con otros ojos a los seres humanos y al mundo. Sus ojos se han vuelto sabios y miran más profundamente. Ellos reconocen en la gente joven qué dones y posibilidades atesora. Y con su sabiduría traen luz al mundo. No se unen al lamento de muchos de que todo va cada vez peor. Ellos reconocen siempre en el mundo, tal como es, la esperanza de una nueva salvación, de una nueva luz que todo lo ilumina, la esperanza de personas que solucionan problemas y curan heridas.

Simeón y Ana estaban contentos con sus vidas. Pasaban mucho tiempo en el templo, donde rezaban por otras personas. Su vida producía fruto porque ellos podían hacer lo que estaba en sus manos: rezar por los demás, ser para otros fuente de esperanza y traer otra luz a la vida. No tenían la impresión de que ya no se les necesitaba. Pero ellos mismos se dan cuenta de cuál es su tarea: rezar por otros y reconciliarse con su propia vida para así traer reconciliación y esperanza al mundo.

Cuando los ancianos solamente giran en torno a sí, si se sienten solos porque ya no son el centro de atención, se convierten en una carga para su entorno. Pero si por la oración se vuelven sensibles para los demás entonces son una bendición para muchos. Entonces podemos confiar en que nosotros también seremos una bendición para la sociedad. Pero, como Simeón y Ana, necesitamos liberarnos de girar alrededor de nosotros mismos y, como ellos, hacer un camino espiritual para que podamos irradiar bendición.

Benito dice en su Regla que los hermanos ancianos y prudentes tienen una tarea importante en la comunidad. Cuando un hermano es difícil, y a causa de algunos fallos, ha sido expulsado de la comunidad, el abad debe enviar a hablar con él a hermanos mayores y sabios:

> *El abad recurrirá a todos los medios; como quien aplica cataplasmas, esto es, enviándole monjes ancianos y prudentes quienes, como a escondidas, consuelen al hermano vacilante y le muevan a una humilde satisfacción, animándole para que la excesiva tristeza no le haga naufragar* (Regla de san Benito 27,2).

Los hermanos mayores, que se han hecho sabios a través del camino espiritual pueden consolar al hermano difícil mejor que el mismo abad, que siempre será también la persona de autoridad. La palabra latina para consolar *consolari* significa que el hermano mayor se adentra en la soledad del hermano expulsado, y allí permanece con él, junto a él, para que él recapacite. El hermano mayor no debe moralizar sino consolar. Esta es una tarea importante de los mayores, ser consuelo para otros, porque tienen el coraje de adentrarse en la desesperación, oscuridad y necesidad de otras personas y mantenerlas, porque ellos mismos han vivido mucho y así se han hecho sabios.

## LIBROS PUBLICADOS

ALBAR, L.: *Descenso a las profundidades de Dios.*
ALEGRE, J.: *La luz del silencio, camino de tu paz.*
ÁLVAREZ, E. y P.: *Te ruego que me dispenses.*
AMEZCUA, C. y GARCÍA, S.: *Oír el silencio.*
ANGELINI, G.: *Los frutos del Espíritu.*
ASI, E.: *El rostro humano de Dios.*
AVENDAÑO, J. M.ª: *Dios viene a nuestro encuentro.*
– *La fe es sencilla.*
– *La hermosura de lo pequeño.*

BALLESTER, M.: *Hijos del viento.*
BEA, E.: *Maria Skobtsov. Madre espiritual y víctima del holocausto.*
BEESING, M.ª y otros: *El eneagrama.*
BIANCHI, G.: *Otra forma de vivir.*
BOADA, J.: *Fijos los ojos en Jesús.*
– *Mi única nostalgia.*
– *Peregrino del silencio.*
BOHIGUES, R.: *Una forma de estar en el mundo: Contemplación.*
BOSCIONE, F.: *Los gestos de Jesús. La comunicación no verbal en los Evangelios.*
BUCCELLATO, G.: *Tú eres importante para mí.*

CÀNOPI, A. M.: *¿Has dicho esto por nosotros?*
– Y BALSAMO, B.: *Amor, susurro de una brisa suave.*
CARAMORE, G.: *A Dios nunca lo ha visto nadie*
CHÉNO, R.: *Al final del silencio.*
CHENU, B.: *Los discípulos de Emaús.*
CLÉMENT, O.: *Dios es simpatía.*
– *El rostro interior.*
– *Unidos en la oración.*
CUCCI, G.: *El sabor de la vida. La dimensión corporal de la experiencia espiritual.*
DANIEL-ANGE: *La plenitud de todo: el amor.*
DOMEK, J.: *Respuestas que liberan.*

EIZAGUIRRE, J.: *Una vida sobria, honrada y religiosa.*
ESTRADÉ, M.: *Shalom Miriam.*
FERDER, F.: *Palabras hechas amistad.*
FERNÁNDEZ BARBERÁ, C.: *Fuente que mana y corre.*
FERNÁNDEZ-PANIAGUA, J.: *Las Bienaventuranzas, una brújula para encontrar el norte.*
– *El lenguaje del amor.*
FORTE, B.: *La vida como vocación.*
François, G. y Pitaud, B.: *El bello escándalo de la caridad. La misericordia según Madeleine Delbrêl.*

GAGO, J.L.: *Gracias, la última palabra.*
GALILEA, S.: *Tentación y discernimiento.*
– *Fascinados por su fulgor.*
GHIDELLI, C.: *Quien busca la sabiduría, la encuentra.*
GÓMEZ, C. (ed.): *El compromiso que nace de la fe.*
GÓMEZ MOLLEDA, D.: *Amigos fuertes de Dios.*
– *Cristianos en una sociedad laica.*
– *Pedro Poveda, hombre de Dios.*
– *Pedro Poveda y nosotros.*
GRANDEZ, R. M.: *Tú eres mi canto, Jesús.*
GRÜN, A.: *Buscar a Jesús en lo cotidiano.*
– *Evangelio y psicología profunda.*
– *La mitad de la vida como tarea espiritual.*
– *La oración como encuentro.*
– *La salud como tarea espiritual.*
– *La vida no es solo para el fin de semana*
– *Nuestras propias sombras.*
– *Nuestro Dios cercano.*
– *Si aceptas perdonarte, perdonarás.*
– *Su amor sobre nosotros.*
– *Una espiritualidad desde abajo.*
GUTIÉRREZ, A.: *Citados para un encuentro.*

HANNAN, P.: *Tú me sondeas.*
Heyes, Z.: *En casa conmigo y con Dios.*

IZUZQUIZA, D.: *Rincones de la ciudad.*

JÄGER, W.: *Contemplación.*
– *En busca del sentido de la vida.*
– *Un camino espiritual.*
JOHN DE TAIZÉ: *El Padrenuestro... un itinerario bíblico.*
– *La novedad y el Espíritu.*
JOSSUA, J. P.: *La condición del testigo.*
JONQUIÈRES, G.: *Fitness espiritual.*

KAUFMANN, C. Y MARÍN, R.: *El amor tiene nombre.*

LAFRANCE, J.: *Cuando oréis decid: Padre...*
– *El poder de la oración.*
– *En oración con María, la madre de Jesús.*
– *El Rosario.*
– *La oración del corazón.*
– *Ora a tu Padre.*
LECLERC DU SABLON, J.: *Vivir al estilo de Jesús.*
LAMBERTENGHI, G.: *La oración, medicina del alma y del cuerpo.*
LÉCU, A.; PONSOT, H. Y CANDIARD, A.: *Retiros en la ciudad.*
LOEW, J.: *En la escuela de los grandes orantes.*
LÓPEZ BAEZA, A.: *La oración, aventura apasionante.*
LÓPEZ VILLANUEVA, M.: *La voz, el amigo y el fuego.*
LOUF, A.: *A merced de su gracia.*
– *El Espíritu ora en nosotros.*
– *Mi vida en tus manos.*
– *Escuela de contemplación.*
LUTHE, H. Y HICKEY, M.: *Dios nos quiere alegres.*

MANCINI, C.: *Como un amigo habla a otro amigo.*
– *Escuchar entre las voces una.*
– *Libres y alegres en el Señor.*
MARIO DE CRISTO: *Dios habla en la soledad.*
MARTÍN, F.: *Rezar hoy.*
MARTÍN VELASCO, J.: *Testigos de la experiencia de la fe.*
– *Vivir la fe a la intemperie.*
MARTÍNEZ LOZANO, E.: *El gozo de ser persona.*
– *¿Dios hoy?*
– *Donde están las raíces.*
– *Nuestra cara oculta. Integración de la sombra y unificación personal.*
MARTÍNEZ MORENO, I.: *Guía para el camino espiritual.*
MARTÍNEZ OCAÑA, E.: *Buscadores de felicidad.*
– *Cuerpo espiritual.*
– *Cuando la Palabra se hace cuerpo... en cuerpo de mujer.*
– *Espiritualidad para un mundo en emergencia.*
– *Te llevo en mis entrañas dibujada.*
MARTINI, C. M.: *Cambiar el corazón.*
– *La llamada de Jesús.*
MATTA EL MESKIN: *Consejos para la oración.*
MERLOTTI, G.: *El aroma de Dios.*
MOLLÁ LLÁCER, D. SJ: *De acompañante a acompañante.*
MONARI, L.: *La libertad cristiana, don y tarea.*
MONJE DE LA IGLESIA DE ORIENTE: *Amor sin límites.*
MORENO DE BUENAFUENTE, A.: *A la mesa del Maestro.*
– *Alcanzado por la misericordia.*
– *Amor saca amor.*
– *A pie por el Evangelio.*
– *Buscando mis amores.*
– *Como bálsamo en la herida.*
– *Desiertos.*
– *Eucaristía.*
– *Habitados por la palabra.*
– *Palabras entrañables.*
– *Voy contigo. Acompañamiento.*
– *Voz arrodillada.*
MOROSI, E.: *¿Cuánto falta para que amanezca?*

NEVES, A: *La luz que nos ilumina.*

OSORO, C.: *Cartas desde la fe.*
– *Siguiendo las huellas de Pedro Poveda.*

PACOT, S.: *Evangelizar lo profundo del corazón.*
– *¡Vuelve a la vida!*
PAGLIA, V.: *De la compasión al compromiso.*

PEREZ PIÑERO, R.: *Nos mereció el amor.*
PÉREZ PRIETO, V.: *Con cuerdas de ternura.*
POVEDA, P.: *Amigos fuertes de Dios.*
– *Vivir como los primeros cristianos.*
**R**AGUIN, Y.: *Plenitud y vacío. El camino zen y Cristo.*
RAVASI, G.: *Epifanía de un misterio.*
RECONDO, J. M.: *La esperanza es un camino.*
RIDRUEJO, B. M.ª: *La llevaré al silencio.*
RODENAS, E.: *Thomas Merton, el hombre y su vida interior.*
RODRÍGUEZ MARADIAGA, O. A.: *Sin ética no hay desarrollo.*
RUPP, J.: *Dios compañero en la danza de la vida.*

**S**AINT-ARNAUD, J.-G.: *¿Dónde me quieres llevar, Señor?*
SAMMARTANO, N.: *Nosotros somos testigos.*
SAOÛT, Y.: *Fui extranjero y me acogiste.*
SCARAFFIA, L. (*Ed.*).: *Las otras misericordias.*
SEGOVIA, M.ª J.: *La gracia de hoy.*
SEQUERI, P.A.: *Sacramentos, signos de gracia.*
SOLER, J. M.: *Kyrie. El rostro de Dios amor.*
STUTZ, P.: *Las raíces de mi vida.*
**T**EPEDINO, A. M.ª: *Las discípulas de Jesús.*
TOLENTINO, J.: *El hipopótamo de Dios.*
TOLÍN, A.: *De la montaña al llano.*
– *Seguirle por el camino con Simón Pedro.*
TRIVIÑO, M.ª V.: *La oración de intercesión.*

**U**N MONJE EN LA IGLESIA DE OCCIDENTE: *Amor sin límites.*
URBIETA, J. R.: *Treinta gotas de Evangelio.*

**V**AL, M.ª T.: *Orantes desde el amanecer.*
VALLEJO, V.: *Coaching y espiritualidad.*
VEGA, M.: *Contemplación y Psicología.*
VILAR, E.: *Dios te necesita para vivir en intimidad contigo.*
– *La misericordia de Dios sana.*
– *La oración de contemplación en la vida normal de un cristiano.*

**W**ELCH, S.: *Conscientes y atentos.*
WIEDERKEHR, M.: *Las siete pausas sagradas.*
WOLF, N.: *Siete pilares para la felicidad.*
WONS, K.: *Sanar el corazón.*

**Z**UERCHER, S.: *La espiritualidad del eneagrama.*